學習設計 Designs for Learning

學校專業發展的嶄新藍圖

A New Architecture for Professional Development in Schools

Paul V. Bredeson 著

林文律 校閱

曾麒樺、簡守邦 譯

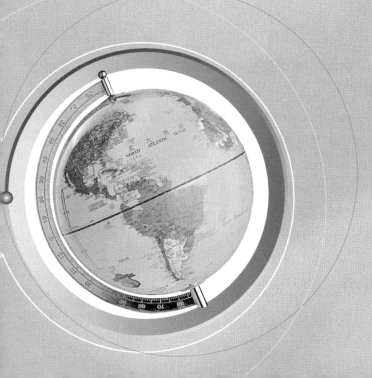

Designs for Learning

A New Architecture for Professional

Development in School

Paul V. Bredeson

CORWIN PRESS, A SAGE PUBLICATION, COMPANY

題獻辭

　　本書謹題獻給我的孫子們，Kyra Ann 與 Maxwell Dean，以及他們未來的教師。

作者簡介 vii

校閱者簡介 viii

譯者簡介 ix

作者序 x

校閱者序 xx

譯者序 xxiii

第一部分 ▶ 重新設計教育工作者的專業學習　001

CHAPTER 1 打破框框：校園內專業學習的新設計　003

一、導論 003

二、跳出框框與打破框框 006

三、功能、結構與美觀：建築的核心要素 007

四、專業發展的設計主題 011

五、重新設計學校專業發展的重要性為何？ 019

六、專業發展的典範轉移 026

CHAPTER 2 打好地基：專業發展的根基與基礎　033

一、導論 033

二、專業學習的基礎 034

三、鋪設地基：要深、要廣、要牢靠 038

四、如何打造專業發展的理想基礎 046

五、專業發展的定義 052

六、結論 059

目 錄 CONTENTS

CHAPTER **3** 打造專業學習共同體 **065**

一、導論 065

二、專業學習共同體是什麼？ 066

三、威力強大的組合：專業─學習─共同體 076

四、評估專業學習共同體的屬性 082

五、結論 086

第二部分 ▶ 在工作中與工作以外創造學習空間 **093**

CHAPTER **4** 專業發展「就是」工作 **095**

一、導論 095

二、延伸專業發展的概念 096

三、學校內專業工作的性質與脈絡 099

四、邁向專業發展的嶄新建築藍圖：三大轉移 108

五、對教育相關人士的意涵 116

六、結論 120

CHAPTER **5** 工作「中」的專業發展 **125**

一、導論 125

二、工作「中」專業發展的定義 126

三、工作內置的學習：既有知識 128

四、工作中專業發展的優點 130

五、工作「中」專業學習 131

六、工作內置學習的侷限 138

七、工作中專業發展的助力與阻力   139

八、結論   143

CHAPTER **6** 「工作地」專業發展   **149**

一、導論   149

二、工作場所學習的現況   150

三、創造工作場所學習的最佳條件   156

四、工作場所學習：展望與問題   163

五、結論   166

CHAPTER **7** 工作「周邊」的專業發展   **173**

一、導論   173

二、工作「周邊」的專業發展是什麼？   174

三、工作「周邊」的專業發展阻力   176

四、創造並支持工作「周邊」的專業發展   178

五、分享專業知識：團隊學習   186

六、結論   192

CHAPTER **8** 工作「以外」的專業發展   **201**

一、導論   201

二、拓展並深化我們對於專業發展的理解   203

三、技巧以外   205

四、工作「以外」的專業發展旅程   209

五、結論   218

CONTENTS

第三部份 ▶ **專業學習嶄新設計的評估與落實**　**223**

CHAPTER 9　**評估專業發展的建築藍圖**　**225**

一、導論　225

二、功能、結構與美感：回顧　226

三、為什麼要評估專業發展？　229

四、評估專業發展：目的與脈絡　231

五、專業發展評估的關鍵層面　233

六、建構成功的專業發展評估　241

七、結論　243

CHAPTER 10　**從設計工作室到學校**　**247**

一、導論　247

二、回顧專業發展的圖像　247

三、面對專業學習設計方面的挑戰　254

四、建築的語言　257

索引　**263**

圖表 目錄 CONTENTS

TABLE 表

表 2.1 建地調查：評估行動的層面 053

表 3.1 學習原則：對專業發展實務的意涵 074

表 5.1 工作「中」專業發展的助力與阻力 141

表 6.1 工作場所學習的相關研究彙整 152

表 6.2 工作地專業發展 154

表 7.1 工作「周邊」的專業發展 174

表 7.2 工作「周邊」專業發展常見的阻力與限制 177

表 7.3 成功專業發展的特徵 179

FIGURE 圖

圖 1.1 專業發展建築藍圖的核心要素 007

圖 2.1 建地調查：專業學習的承諾 042

圖 2.2 打地基：四個行動層面 046

圖 2.3 定義專業發展 054

圖 3.1 專業學習共同體 069

圖 3.2 回應性共同體的要素 076

圖 3.3 專業學習共同體的兩個對比圖像 077

圖 4.1 邁向專業發展的嶄新建築藍圖：概念轉移 109

圖 4.2 邁向專業發展的嶄新建築藍圖：結構轉移 112

圖 4.3 邁向專業發展的嶄新建築藍圖：文化轉移 114

圖 5.1 工作「中」專業發展 132

圖 6.1 學風鼎盛的學校當中常見的工作地元素 157

圖 6.2 替專業發展創造時間 160

圖 9.1 專業發展評估的關鍵層面 235

圖 9.2 成功的專業設計評估的關鍵要素 242

作者簡介

　　Paul V. Bredeson 教授目前任教於美國威斯康辛大學麥迪遜校區教育領導與政策分析學系（Department of Educational Leadership and Policy Analysis），並擔任系主任。主要研究興趣包括：教學領導，校長培訓，教育組織內專業發展。（按：2001年 3 月 Bredeson 教授接受國立台北教育大學邀請，在「中小學校長培育證照甄選評鑑與專業發展國際學術研討會」發表論文。2007 年 5 月再次接受國立台北教育大學之邀請，在「校長的學習國際學術研討會」發表論文，同時亦應國立台中教育大學教育學系邀請，在其「校長專業發展國際學術研討會」發表專題演講。）

校閱者簡介

林文律

　　輔仁大學英國文學學士（1973 年）暨語言學碩士（1977 年），美國伊利諾大學香檳校區英語教學碩士（1983 年），美國賓州州立大學教育行政博士（1990 年）。1977 年開始在大學任教英文，1990 年獲博士學位後，開始在國立台北教育大學任教教育行政相關科目，並持續在國立台灣科技大學任教英文。教學領域包括英語教學及教育行政相關科目，後者包括校長學、教育行政理論分析、組織理論、教育政治學，並兼授質性研究。自1987 年就讀博士班開始，特別關注校長學與校長培育與專業發展。2001 年在國立台北教育大學創設「中小學校長培育與專業發展中心」，當時為台灣首創。並舉辦多項校長培育與專業發展（校長的學習）國際研討會。2005 年及 2006 年並分別在北台灣及中台灣發起了「兩岸三地校長讀書會」及「中台灣校長讀書會」。2005 年並邀集近百位台灣中小學校長撰稿，主編《中小學校長談校務經營》（上、下冊），由心理出版社出版。對於推動台灣校長學及校長的培育、學習與成長，不遺餘力。

　　林文律自 1990 年起任教於國立台北教育大學，歷任進修部主任、國民教育研究所所長及中小學校長培育與專業發展中心主任等職。目前為國立台北教育大學教育經營與管理系副教授。

譯者簡介

曾麒樺

美國紐約大學（New York University）商業教育碩士、紐約大學圖像傳播管理科技碩士，美國紐約州立大學奧伯尼校區（University at Albany/ State University of New York）教育碩士。目前為美國紐約州立大學奧伯尼校區教育理論課程與教學博士候選人。研究領域包括：教育科技、課程設計、語言教育、多媒體輔助語言教學、遠距教學與網路教學科技。曾經參與《劍橋哲學辭典》的翻譯工作（貓頭鷹出版社／城邦集團）。

簡守邦

國立中正大學社會福利研究所碩士，美國紐約州立大學奧伯尼校區（University at Albany/ State University of New York）哲學碩士。目前為美國紐約州立大學奧伯尼校區哲學博士候選人。研究領域包括：倫理學、政治哲學、福利哲學、以及社會理論。譯有《福利國家的創建者：十六個英國社會改革先驅的故事》（唐山出版社）、《社會理論思想史導論》（韋伯文化）、《最新社會科學研究的理論與方法》（韋伯文化）。

作者序

　　建築工地總是讓我著迷。我喜歡透過位於十二樓辦公室的窗外，觀賞校園彼端與建中大樓的新奇形狀與結構。畢竟每一件建築工程都是這個充滿活力的大學致力開拓教學、學習以及研究領域的最佳見證。每一項新設施都增強了大學的基礎結構，在穩固的基礎結構支持下，大學社群才有能力承擔下一個世紀的多重使命。但是，看來看去，總覺得缺少了什麼，於是我開始思索建築設計（designs for buildings）與學習設計（designs for learning）之間的關聯。當我們花了大筆經費在擴充硬體建設的同時，可曾想過，該如何在這些冰冷建築中開創屬於教學與學習的活絡空間呢？更具體而言，我們究竟設計了什麼樣的教學架構來支持教師的學習，以便增進學生的學習成效呢？有沒有專門為教師專業發展而設置的規劃委員會？建築師與建築承包商的工作是創造硬體的建築空間；教師的工作則負責替自己的教育與學習活動創造最佳的教學空間。身為一位教師與建築師，根據我在校園走動的足跡還有專業發展歷程所引發的靈感，在此我要提出一套「**專業發展的嶄新建築藍圖**」（New Architecture for Professional Development）。

　　不管是學校改善或是學生學習的學習成效，都和專業發展（professional development）息息相關，因此，我們有必要把強化專業發展視為美國與世界各國教育改革的核心任務。這也是為什麼每一份教育改革報告書都把專業發展當成學校改善的要素之一。值得慶幸的是，雖然不同教育領域之間意見時有岐異，

x

教育界卻有志一同地認同高品質專業發展的重要性。包括教師與教師工會、行政人員、教育委員會成員、政策制定者以及其他社區成員在內的教育界人士都認為，我們需要不斷增進專業學習的水平，才能改善教學實務，並支持以學生學習為核心的教育改革與學校改善措施。在這樣的脈絡之下，我們必須體認到，專業學習——不論就個人或集體層面而言——必須被認可為一項專業工作，並且必須徹底落實在教師與行政人員的每日例行工作之中。專業發展已是「勢在必行」，而非「為時已晚」。

專業發展的嶄新藍圖包括六項核心的設計原則：

- 專業發展以學習為本。
- 專業發展必須落實在教學實務。
- 專業職能是持續精進的歷練過程，不是資歷的認證。
- 專業學習與改善教學實務的機會不可限量。
- 學生學習、專業發展、以及組織使命，三者之間關係緊密。
- 專業發展的重點不在方案，而必須以人為本。

本書的宗旨是要提出一組設計原則，期盼能認可學校裡教師與其他專業教育人士的學習機會，並加以擴充。本書借用建築術語為隱喻，是為了提出一套嶄新設計理念，替專業教育人士創造更多的學習空間。該理念將挑戰專業發展的傳統設計、

表達方式、內容以及結果的既有疆界、形式、與使命。本書根據實證研究與實務楷模，提供許多成功的個案實例，這些案例都是自然而然地發生在學校與教室中的個案。此外，本書所謂專業學習，也同樣涵蓋了學校之外、正式與非正式的專業學習環境。

藉著使用專業發展的建築藍圖這個隱喻，我由衷希望本書不僅能夠啟發讀者的智識興趣，並且能夠落實在實務層面。對於包括個人與團體在內的教育界人士而言，專業發展的嶄新建築藍圖將是一份有用的導覽指引，協助他們思索、規劃、並且參與專業學習與成長的歷程。這份嶄新建築藍圖專為校內與校外的專業成長空間而設計，很容易上手，讀者們可以根據這份藍圖來規劃、實現，並且評估學校裡專業發展可能帶來的衝擊。專業發展的嶄新建築藍圖著落在真實的學校環境中，以活生生的教育人士與學生為主體，並且以實際的教育社群為運作場域。專業發展的嶄新建築藍圖並不是那種設計工作坊閉門造車、憑空捏造的設計圖。本書提倡的嶄新建築藍圖係根據專業實務界的經驗，透過動態甚至是活絡的創造過程而得出的思考結晶。書中對於幾個實務楷模個案有非常詳細的討論，這些個案的作用就像是智識上與實務上的觸媒，能夠激勵與啟迪教育界同仁的思考，提振專業學習與發展，並增強教育專業實務。為了落實本書所提倡的嶄新建築藍圖，專業發展這門學科必須經歷重新思考、重新建構以及重新塑造學術風氣這三階段的徹底轉型，

才能跳出過去那種局限於模型與活動的既有框架，進而拓展專業學習社群的涵蓋幅員。本書也提供相關網站的網址以及鏈結，以便包括學前教師、中小學教師（preK-12）、行政人員、教育專家、教職員發展的負責人、教育訓練人士、高等教育人員以及各類諮詢顧問在內的教育界人士，都能夠輕鬆迅速便捷地獲得有關研究方面、實務楷模的個案學校、教育人事網絡以及評估工具等等有用訊息。

由於全美國各地在教師認證與授證的標準上已經有了相當顯著的改變，我相信本書也能提供適時且有用的架構，以因應新教師認證規範以及生涯發展的種種實務與政策的相關議題。嶄新建築藍圖的設計原則也提供了有用的方針，協助讀者了解並設計各種專業發展的機會，以增進個人的成長，改善教學實務，達成學校改善與教育改革的目標，並且支持新的教師授證規範，這一切終究都是為了提供學生更好的學習環境。

讀者也許會問：何新之有？我們真的需要另外一本專書來討論專業發展嗎？謹此答覆如下。首先，讀者或許會對本書所提倡的專業發展規劃藍圖的幾項要素感到熟悉。然而，就像建築師在設計建築物的時候，儘管也使用到常見的元素（水泥、木材與玻璃），依舊能夠創造出獨一無二、具有原創性的建築風格；同樣的，專業學習的規劃者儘管也使用常見的元素（工作坊、學習團隊與協作網絡），依然能勾勒出精巧的設計與結構完整性，營造出專為教師與行政人員的需要而量身打造的學

習環境。因此,專業發展的嶄新建築藍圖並不奢求所謂唯一、最完美的模型。這種追求最佳與完美的專業發展模型的企圖心,根本就是一種不切實際的幻想,不可能契合學校的環境以及教師與行政人員的本質與使命所構成的複雜關係。專業發展的嶄新建築藍圖強調的是一個不斷創造、不斷改善的持續性過程,隨時都可以引進新的設計理念,可以解讀新的現實環境,並且偶爾可以協助我們發現那些能夠觸動教育同仁的心智、良知、與靈魂的核心要素。

一、讀者

本書設定的主要讀者群是那些專為自己與學生創造學習空間的教育專業人士。包括教師、校長、課程與教職員發展設計師、督學以及專業協會的工作人員在內的教育工作者,將發現本書描述的內容與他們在校園裡的工作生活息息相關。至於包括執掌訓練與發展工作在內的教育諮詢專家,在替學校與別類組織的專業人士規劃學習機會時,也將得利於本書的內容。儘管本書著重在學校的專業發展,不過書中所揭櫫的設計理念、實務楷模、基本架構、落實與評估專業發展的工具等內容,都是根據成人學習與人類認知的基本原則,因此也同樣適用於各種組織的專業學習與成長所需。

本書也適合包括地方、州、以及全國性政策制定者在內的廣大讀者群。本書所描述的專業學習設計方案,可以提供有用

的架構、實務案例以及評估工具，使得這些決策者能夠制定合適的教育政策，提供學生與學校員工更豐富的成長環境。

　　就大學的層級而言，包括師資培育、教育領導與政策研究、成人教育以及終身學習在內的各學系教授，都能以本書作為講授專業發展的指定教科書，也能以本書作為訓練與規劃員工發展計畫時的補充指南，甚至規劃組織專業發展時的輔助方針。

二、章節概要

　　我在第一章「打破框框：校園內專業發展的新設計」中借助於建築方面的隱喻，並主張我們應該打破教職員發展與訓練的傳統框架，重新思考、重新組構、重新凝聚學校的專業學習共同體。我將介紹一組設計原則，該原則允許我們創造專業發展的嶄新架構，藉以重新思考專業學習的設計、提供方式、內容、脈絡與結果。第二章「打好地基：專業發展的根基與基礎」將界定專業發展的意義，並說明我們該如何整地，以便替專業學習的嶄新設計奠定堅實的基礎。一個堅實的基礎必須面積夠廣、深度夠深、且夠牢靠，才能撐起穩固的專業發展新建築，提供個人、結構、政治、與文化方面的支持。第三章「打造專業學習共同體」探討了建構專業學習共同體的核心要素。本章最後也將觸及一個棘手的議題：貨真價實的專業學習共同體如何處理學習新知與甩掉舊包袱之間持續出現的矛盾弔詭現象。本書的立場是，不管就個人層面或是集體層面而言，我們務必

以系統性的方式放下所學（放棄），捨棄不具生產力或是陳舊過時的結構、過程、實務與思考方式。隨後五個章節將詳細說明專業發展的嶄新藍圖如何落實在具體的學習環境中。第四章「專業發展『就是』工作」的討論跳出傳統專業學習與實務的觀點，我主張專業發展並不是工作之外、額外的東西，專業發展本身就是教育工作者專業工作的一部分。第五章「工作『中』的專業發展」詳細說明專業學習如何能不著痕跡地與教師和教育行政人員的每天例行工作密切結合在一起。教育界同仁的每日例行工作中，一直存在有獲取新的知識、新的實務技能甚至磨練這些新技能的機會，他們也有機會反省個人與集體的經驗，增進教育與學習的各種心得。第六章「『工作地』專業發展」則描述了各種在工作地就近進行的專業發展形式，包括了在職訓練、工作坊、會議以及學校交流的機會，這些都是專業發展嶄新藍圖的另外一個面向。我不僅討論了工作地學習的重要優點，也討論了某些潛在的負面效應。我的論點是，當專業學習共同體設法於工作所在地創造專業學習的最佳環境的同時，也應該想辦法緩和任何潛在的負面效應。至於在工作地點以外進行的專業學習則是第七章「工作『周邊』的專業發展」的主題。首先我探討校園以外、各式各樣專業學習的機會，這些學習機會雖然很多是工作地之外，屬於個人各自的學習經驗，但是，一個成功的學習共同體必須懂得藉由分享新知識、新技能、與新智慧的方式，增進他們集體的專業能力。第八章「工作『以

外』的專業發展」則探討了遠離工作與校園之外，各種各樣能夠增進生活經驗與學習的機會，它們或許都有增強專業實務的潛力。我將描述工作以外的專業發展的兩種類型。第一種類型是遠離校園與工作之外，類似遠途旅程般的持續學習過程。第二種則是一個串聯工作、生活與學習的心靈探索旅程。這兩種類型都讓教師與教育行政人員跳脫每天的例行工作，拓展他們的視界，以便對他們自己、他們的工作乃至於他們所生活的世界，都能夠有全新的洞見與更深入的了解。第九章「評估專業發展的建築藍圖」則集中討論這套專業發展的嶄新藍圖的成效評估。我使用許多評估架構來說明四項關鍵評估指標的評量方法：目的、價值、方法與效益。本章也提供一個包括這些核心要素的架構，以便替專業學習的嶄新設計建構可信且有用的評估。第十章「從設計工作室到學校」則從專業發展的相關文獻回顧開始，進而說明，當政策制定者與教育實務界人士在校園與社群中重新思考、重新構建、重新凝聚專業發展的架構時，可能面臨的種種挑戰。本章回顧六項設計主題，最後也討論了專業發展的嶄新藍圖帶給我們的重要訊息與意義。

三、致謝

下筆著書的過程儘管慷慨激昂，也讓我體會謙沖為懷的真諦。我開始構思這本書時，只有非常含糊的想法，經過兩年的不斷反省與寫作，終於能看到成品，倍感興奮。我也懂得謙沖

為懷的重要，因為這本書只不過代表了專業發展這個學科既有的浩瀚文獻與數不盡的實務經驗中的其中一小部分。這本書歸功於所有作者、研究學者、教職員發展人員、教師以及學校行政人員，他們分別透過拿起筆桿或是親自實踐的方式，對我的思考與寫作提供無與倫比的貢獻。就像其他計畫一樣，我也要特別感謝一些人的鼎力支持。我要感謝 Corwin 出版社以及 Rachel Livsey 在本書寫作過程中給予的鼓勵與支援。我誠摯感謝威斯康辛大學麥迪遜校區，以及遍及世界各地的專業同僚們，您們的努力與理念，替本書增色不少。我也特別要感謝位於瑞典北方的優密歐大學（Umea University）的 Olof Johansson 邀請我到貴校進行一年的進修，我利用那段時間擬定本書的寫作大綱。我也要感謝安克提 Eric J. Anctil 就本書的格式與內容所做出的特別貢獻。他的專業背景與豐沛資源，以及編輯方面的建議，都是促成本書得以問世的寶貴助力。我也要感謝 Maureen Adams 與 Van Lori Himbergen 同意與我分享他們的工作成果。儘管我始終不知道三位匿名審查者的身分，不過我還是要對他們表達誠摯的謝意，三人都是實務界的專業人士，他們對本書初稿提供了深思熟慮且深具建設性的寶貴意見，幫助我得以更精煉我的論證，增強整體的呈現風貌，甚至引用實例來說明某些關鍵概念。最後，我要感謝我內人，目前擔任威斯康辛州維若納市維若納教育學區教學資源主任的 Mary C. Bredeson。感謝她不僅與我分享專業學習的奉獻，也每天耳提面命地提醒我：專業發展

的嶄新建築藍圖在乎的是人，是那些將生命貢獻給學校學習種種挑戰與喜悅的那些偉大教育家。

我也要感謝以下幾位審核委員的寶貴意見：

Susan Mundry
Project Director
WestEd
Stoneham, MA

Laura Crehan
Educational Consultant
San Diego, CA

William A. Sommers
Executive Director
Minneapolis Public Schools
Minneapolis, MN

Elizabeth Lolli
Director of Curriculum
Mayfield City Schools
Highland Heights, OH

Lorraine M. Zinn
Owner and Senior Consultant
Lifelong Learning Options
Boulder, CO

Jacqueline LaRose
Staff Developer
Guilderland Central School District
Guilderland, NY

校閱者序

要介紹《學習設計——學校專業發展的嶄新藍圖》一書，可先從認識我與作者的關係開始。作者 Paul V. Bredeson 教授，是我在 1987 年就讀美國賓州州立大學教育行政博士班時，教我「教育行政」與「校長學」的教授，也是我這兩個課程領域的啟蒙老師。他曾任中學校長，又是威斯康辛大學麥迪遜校區教育行政博士，教育行政理論與實務的學養與經驗非常豐富。

從我認識 Bredeson 教授開始，我特別留意他的學術著作及工作。他對於校長學及教育人員的持續學習等方面的研究非常投入，也很有心得。他曾經擔任美國大學教育行政聯合會（University Consortium for Educational Administration, UCEA）的主席，在國際教育行政領域的聲望卓著。2001 年 3 月我擔任國立台北教育大學國民教育研究所所長（並即將接任中小學校長培育與專業發展中心主任）時，舉辦了「中小學校長培育證照甄選評鑑與專業發展國際學術研討會」，邀請了九位國際上非常知名的校長培育與專業發展方面的學者前來台灣發表學術論文，他是受邀學者之一。2007 年 5 月我又籌劃了「校長的學習國際學術研討會」，再度邀請他來台灣發表學術演講。這兩項國際學術研討會對於國內校長培育與專業發展有很深遠的影響，而 Bredeson 教授在帶動國內校長培育與學習方面也有相當可觀的貢獻。

Bredeson 教授在教育人員專業發展方面的研究與實務工作所做的努力，從不間斷。在本書中，Bredeson 教授以建築的功

能、結構及美感三個概念作為全書的主軸，來探討教育人員的專業發展。他所揭櫫的專業發展嶄新藍圖涵蓋了六項設計主題，包括專業發展以學習為本、是持續精進的歷練過程、專業學習與改善實務的機會不應設限、學生學習、專業發展與組織使命關係密切、專業發展的重點在於以人為本。

從閱讀本書，以及從該書所揭櫫的以上六大主題之中，我們可以很明顯的看出 Bredeson 教授在書中所要闡述的思想的重點。

Bredeson 教授提到教育人員發展的重心在於以人為本，教育人員專業發展主要的目的在於追求學校改善及學生學習成效，一切以學生最大學習成效為依歸。換句話說，教育人員的學習是為了帶動學生最大的學習成效，也是為了追求學校進步。教師的學習必須要能與教育實務結合，並充分應用於教學實務及學校的改進，最後並落實於學生學習成效的改進。教師的專業發展絕對不僅僅是滿足教師的認證與換照而已，但卻可充分與教師認證與換照的需求結合。而且，由於教育人員專業發展的精神在於提升學習者不斷創造與不斷改進的能力，因此，以人為本、以學習為重心的教師專業發展，更能豐富化教師專業發展的內涵，並提升教師認證與換照的層次。

從 Bredeson 教授獻身於教育行政與教師持續學習與創新歷程的角度，我們更容易去體會作者在本書中的用心與對教育人員專業發展的投入。Bredeson 教授在本書中所提供的有關教育

人員專業發展的思考與策略，可說令人耳目一新。

　　本書的兩位譯者，曾麒樺小姐及簡守邦先生，學有專精且英文能力極佳。我在校閱時，感覺到他們兩位所翻譯的中文譯文非常翔實、適切與流暢，因此整本譯文書的可讀性非常高。

　　對於關注教育人員持續成長、學校進步與學生學習成效的人而言，《學習設計——學校專業發展的嶄新藍圖》是一本非常值得推薦的好書。

譯者序

　　沒有人會否定組織內專業發展的重要性。隨著全球化的腳步逐漸加快，無遠弗屆的網際網路與生活科技的日新月異，任何組織管理的領導者都相信，組織的員工也必須跟得上時代的脈動與潮流，必須不間斷地學習與成長，才能替組織的運作把注與時俱進的躍動活力。不管是民間企業或是公家機關，都特別強調員工專業發展的重要性。不僅僅在組織內舉行各式各樣的工作坊，學習最新技術，也鼓勵員工利用各種機會，參加組織外部的專業進修。

　　教育組織內的專業發展，更是每一位關心社會下一代教育成果與教育品質的國民，都應該關注的活動。包含教師與校長在內的教育工作者，他們的工作不只是傳道授業，也是要隨時不斷的自我學習。教育工作者本身就應該做一個學生可以仿效的學習楷模。每個當過學生的人都知道，有一種老師最讓他們感到沮喪，就是那種上課時拿著紙張泛黃、脫頁的萬年講義，考試出的題目永遠是資深學長姊交接給新鮮人的陳年考古題。為什麼？因為這表示這種老師自從師範學校畢業，或是學位完成取得教師資格，當上正式老師之後，就停止學習了。他們不再去主動探索講授學科的最新發展，他們也停止接觸新的教學理念與教育科技。這表示這種老師已經停止學習。讓學生沮喪的是，停止學習的老師如何能夠以身作則地作為學生學習的榜樣呢？

　　如何替教育組織內的教育工作同仁提供一個專業學習與專業發展的理想環境，使得不管是負責學校業務整體大方向規劃

的校長，或是站在第一線指導學生，與學生互動的各年級老師，都能夠有理想的進修與專業發展機會，自然是教育工作最重要的任務之一。可惜的是，學校專業發展的實際狀況往往呈現出支離破碎、各自為政的窘境。部分有抱負的老師利用暑假到大學進修，或是校外參觀教學，或是參加專業工作坊學習一些新的教學科技。但是，專業進修的過程卻如同單打獨鬥般，欠缺一個能夠讓所有教師與教育行政同仁都可以分享專業發展心得的學習共同體。更可惜的是，學校專業發展理論往往過度著重單一個別專業發展課程與內容的規劃設計，卻忽略了從整體的角度，長遠的眼光，來打造一個可長可久，理想的學習環境。

本書作者 Paul V. Bredeson 教授目前在美國威斯康辛大學麥迪遜校區教育領導與政策分析學系擔任教授兼系主任。曾經應邀來台灣進行學術演講與交流活動，在教育行政界是素有盛名的權威學者。特別專精於教學領導、校長培訓與教育組織內專業發展等領域。他在這本書中，結合他個人的專業學習歷程，將數十年來的反省與實際經驗結合之後，構思出一個堪稱專業發展里程碑的嶄新取向。他主張，學校專業發展的設計與落實，就像興建一棟結構牢靠、功能完善，兼具美感的建築物一樣，必須要從全方位、整體性的角度來思考。他認為教學相長的道理雖然容易理解，但是卻不容易落實，甚至容易遭致誤解。他認為，當務之急在於讓教育工作者深刻體認到，工作本身就是專業發展。專業發展等於是無時無刻都在持續進行著。此外，

他更使用較為廣義的專業發展概念，將專業發展按照學習地點與工作之間的關係，區分成工作中、工作地、工作周邊、工作以外等不同性質與類型的專業發展。簡單說，專業發展與專業學習的過程，就是工作的過程。

因此，本書提供了一個與傳統觀念非常不同的專業學習與專業發展理論。作者表示，「本書的宗旨是要提出一組設計原則，期盼能肯定學校裡教師與其他專業教育人士的學習機會，並加以擴充。本書借用建築術語為隱喻，是為了提出一套嶄新設計理念，替專業教育人士創造更多的學習空間。該理念將挑戰專業發展的傳統設計、表達方式、內容以及結果的既有疆界、形式、與使命。另外，本書也收錄許多有用的網址，使讀者在閱讀本文之餘，可以透過網路來探索美國的教育界豐碩的網路資源，汲取更多的知識與學習機會。

本書設定的主要讀者群是那些專為自己與學生創造學習空間的教育專業人士。包括教師、校長、課程與教材設計師、督學以及專業協會的工作人員在內的教育界人士，將發現本書描述的內容與他們在校園裡頭的工作生活息息相關。對於國內各大專院校的教育學院課程而言，不管是師資教育、教育領導與政策研究、成人教育或是終身學習學系，本書非常適合作為講授專業發展的指定教科書。不管是學校內負責規劃專業發展的主管，更該以本書作為訓練與規劃員工發展計畫時的補充指南。

國人向來對於教育工作非常重視。近年來政府推動教改的

努力與苦心，不管是正面或是負面，都是值得國人肯定的努力。然而，我們也千萬不要以為教育改革工作僅限於升學制度的改進。如何替任職教師與教育行政人員打造一個更加完善的專業學習與專業發展的環境，也應該是政府教育政策所不可或缺的一環。本書的出版，希望借重對於美國相關經驗的深入了解，加深國人對於教育專業發展的關注與支持。

第一部分 ▶

重新設計教育工作者的專業學習

CHAPTER 1

打破框框：
校園內專業學習的新設計

> 建築物的一磚一瓦都必須與周邊地貌緊密契合；特別
> 是，任何新方向都必須參照相應的地景規劃策略。[1]

一 導論

當 Frank Llyod Wright 在二十世紀初葉以年輕建築設計師的
姿態嶄露頭角時，他就堅決反對當時美國建築界過於重視形式
主義之下所流行的設計原則。經過了六十年的努力，他那套將
人、空間與地貌融合成一個和諧整體的草原建
築學派（prairie school）設計風格，徹底轉變
了二十世紀的建築界。他的建築代表作包括
了古根漢（Guggenheim）美術館、塔列辛
（Taliesin），以及落水山莊（Fallingwater），
都是世界上最知名的建築物。[2]

參觀網址
www.taliesinpreservation.
org; www.wpconline.org/
fallingwaterhome.htm

然而，他最深遠的影響卻是呈現在較為人所熟悉的結構——
典型的美國住宅。不妨請你暫時閉上眼睛，想像一下十九世紀
維多利亞式住宅的樣子。也許你會看到一棟高大的、兩層樓的
房子，傾斜的屋頂，多片陡峭的三角牆，加上一個小塔樓。這
棟房子可觀的大小與高度卻被擠塞在城裡面積狹小的建地上，

就像個中年男士被迫穿上藍色緊身牛仔裝那樣，唐突不堪。維多利亞式建築那種昂揚挺拔的特性，彰顯在建築物的明快線條以及長方形高大窗櫺的對稱性。然而，除了少數例外，十九世紀挺拔的特性多半被犧牲掉，取而代之的是薑餅屋形狀的三角牆，刻意裝飾的色彩，還有在社區間穿梭的美國特有小紅蛺蝶。

現在，讓我們透過 Wright 的眼睛與想像力，再度檢視這棟建築物。首先，他相信這棟建於上個世紀末的房子反映出維多利亞式建築形式的程度，遠高於實際生活在這個空間裡頭的居民的現實環境。他強有力地主張，維多利亞式住宅「撒了一個漫天大謊。既沒有整體一致性，也沒有自由不拘的人應該擁有的空間感……在泥濘不堪的濕軟地基上，向上無盡延伸成又高又窄的外型……這棟房子就像是個有著精緻上蓋的整人盒（bedeviled box）；一個構造複雜的盒子，裡頭鑽了許多小洞來採光透氣，而且只有一個非常醜陋的小洞供作進出之用」[3]。他無法忍受這種盒子裡頭的空間，不僅侷限了屋內空間，阻隔了自然環境，並且限制了每天生活作息的動線。

當我第一次讀到這段文字時，大為震驚，因為這段文字是如此精確地刻劃出二十一世紀初教師專業發展的「整人盒」處境。就像一百多年前的維多利亞式住宅一樣，當代教師專業發展的主要設計特徵反映了教師被孤立、注重隱私、零碎、缺乏連貫性等一些既有的情況，一點也沒有注意到目前教師工作與學校日常活動的現實處境。我當然不敢妄想和美國最著名的建

築設計師相提並論，但是我還是要大聲疾呼，教師專業發展需要一個類似的轉型運動，要求教師們必須重新思考他們自己的學習，以及專業學習和教書這項主要工作之間的關連。本書的主題是一套能夠創造學習空間的嶄新藍圖，能夠提供教師與教育行政人員學習、增長與改善專業實務的機會。

　　本書的宗旨是要提出一組設計原則，期盼能認可學校裡教師與其他專業教育人士的學習機會，並加以擴充。本書借用建築術語為隱喻，是為了提出一套嶄新的設計理念，替專業教育人士創造更多的學習空間。該理念將挑戰專業發展的傳統設計、表達方式、內容以及結果的既有疆界、形式與使命。本書根據實證研究與實務楷模，提供許多成功的個案實例，這些案例都是落實本書所提倡的規劃理念之後的成功個案。此外，本書所謂專業學習，也同樣涵蓋了學校之外、正式與非正式的專業學習環境。正如同 Wright 的草原學派住宅強調自然素材，利用周邊的自然地貌景致，我也相信專業發展的嶄新藍圖所使用的素材與外觀，必須是能夠渾然天成地吻合教師與行政人員每天例行工作的自然環境。

二　跳出框框與打破框框

　　面對看似難解的問題時，我們常常會建議人們嘗試跳出框框來思考（think outside of the box）——跳出熟悉的結構、擱置常見的解決方法，並忘掉一些界定哪些是可能與不可能的既有智慧。透過這種跳出框框的思考活動，常常會產生新奇的觀念與意想不到的可能性。只是，暫時跳出框框之後得到的新觀念，稍事修正之後，依舊得重新擺回原有的框框之中。另外一種強調跳出框框的類似腦力激盪活動，則是要求人們一併粉碎框框，摒棄所有的限制。這個時候，新奇的觀念就成了激發轉型的媒介。就像 Wright 將空間的理念重新改造一樣，我在此也邀請讀者，嘗試跳出關於員工發展的傳統框框，來考量該如何徹底轉變教師與行政人員的專業學習空間。我希望本書的討論能夠激發，不要以使用所熟悉的教師例行工作與目前的校園結構相符合的專業發展方式自滿，轉而嘗試用新的方式來思考專業發展的議題。本書提倡的嶄新藍圖可以打破專業發展的框框，進而挑戰教師專業發展的傳統設計、提供方式、內容、脈絡與結果。

三 功能、結構與美觀：建築的核心要素

James O' Gorman[4] 所著的《建築導論》（*ABC of Architecture*）是我印象中最容易閱讀的建築入門書籍，他在書中引用一位羅馬時期建築師與工程師 Vitruvius 的經典著作。Vitruvius 替建築下了一個最簡潔也最完善的定義。他認為，建築包含了三大核心要素：功能（utilitas）、結構（firmitas），以及美觀（venustas）。圖 1.1 以一個等邊三角形的三個頂點來說明這三大核心要素。「個別要素彼此獨立，然而集結起來之後就構成更大的整體」[5]。和建築一樣，專業發展也代表著人類努力將這三大要素結合在一起的成果。接下來我們就分別細說這些核心要素如何表現在專業發展的建築藍圖中。

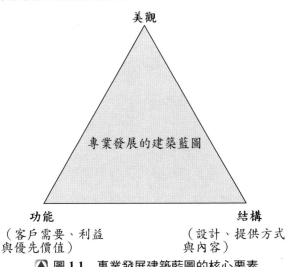

美觀

專業發展的建築藍圖

功能
（客戶需要、利益
與優先價值）

結構
（設計、提供方式
與內容）

△ 圖 1.1　專業發展建築藍圖的核心要素

（一）功能

三角形的第一個角落代表專業發展的功能。建築師的主要職責之一，就是要聆聽與回應客戶的需要、利益與優先價值。在專業發展這個領域中，這意味著學習活動的設計、提供方式，以及預期結果，都必須以客戶的利益為依歸。專業發展的客戶是誰呢？以誰的利益為依歸呢？誰可以從校園專業發展中得益呢？專業發展最明顯的客戶就是教師與校長。畢竟他們都是學習活動的參與者。教育界同仁素以增強專業實務與教學成效為職志，不同的專業發展方案與策略都是為了滿足他們的需要，協助他們學習與成長。儘管教師與行政人員是主要的參與者，他們卻並非唯一的受惠者（客戶）。專業發展還有另外一項功能，就是要改善學生的學習成果、強化教師教學工作的品質、促進組織變遷、配合學校校務改進、擴展教育改革、強化社群的形塑，並增強教育與行政專業的品質與成效。因此，就學校內專業發展的功能而言，服務客戶這項功能包含多種活動，造福多方位的受益對象。

（二）結構

三角形的第二個角落代表專業發展的結構。在專業發展領域中，所謂的結構，意指那些為了滿足客戶需要而引進的結構性與物質性素材。其中包括學習機會之設計、提供方式與內容

的要件。結構指的是專業發展經驗中具體且可見的那個面向，是為了滿足教師、行政人員以及學校的利益而設置的，包括了「工作中」（in）、「工作地」（at）、工作「周邊」（outside）以及工作「以外」（beyond）的各種學習經驗，以及支援它們的組織過程與系統。

專業發展的結構與功能之間的相互依賴關係非常的明顯，但是卻常常被忽略。舉例來說，規劃與推動員工發展活動常常牽就便利性與組織權宜之計，而忽略員工的關鍵需要與興趣。一旦專業發展的結構規劃欠缺明確的目的與優先價值，也就是不以教師和行政人員的需要與利益為依歸時，就會導致所謂掛羊頭賣狗肉，看似專業發展，實際上卻是支離破碎、華而不實的趕時髦活動而已。因此，很多教育界人士之所以對傳統在職訓練與員工發展的活動感到懷疑、嗤之以鼻，甚至感到沮喪，並不讓人感到意外，因為那些專業發展活動根本沒有把他們的實際需要納入設計考量中。

（三）美觀

三角形的第三個角落代表專業發展的美觀。當我開始反省建築的這項核心要素時，我突然想到了一個常見的警告：別用隱喻來當做論證的基礎。到目前為止，建築的隱喻都還算是良善的、語言學上與概念上的幫手，協助我探討如何重新思考與重新建構教育的專業發展。隱喻畢竟是強有力的認知與語言學

的工具。儘管如此，我們還是必須注意到，隱喻只不過是提醒我們注意到兩方面之間的比較，而不是精確的摹本。我相信我們需要更進一步思考專業發展的美學這個概念。

對許多建築奇景而言，建築之美這個要素似乎再明顯不過了，像泰姬馬哈（Taj Mahal）、塔列辛、雪梨歌劇院（Sydney Opera House），以及阿罕布拉宮殿（Alhambra）。[6]然而，在專業發展這個脈絡中，什麼叫作美觀，就不那麼明顯了。究竟適不適合把美觀這個概念應用到專業發展的建築藍圖呢？我有幾個問題要問：

- 專業發展的建築藍圖中，有哪些美感的成分？
- 專業發展的建築藍圖的美觀與否，純粹僅僅存在於「觀看者眼中」嗎？
- 如果美觀是建築的核心要素之一，為什麼專業發展的美觀與否始終得不到應有的重視？

對專業發展而言，美觀與否係源自素材與系統的使用與配置是否具有藝術性，在創造學習空間的過程中，讓教師與行政人員有機會學習到能夠滿足他們的需要，並且能夠轉變他們個人與專業上的內涵。「美感，建築上的美感，是理想規劃與穩健結構真正希望能夠達到的結果」[7]。

替教育界人士創造專業學習嶄新設計，也是立基於這三個相同的核心建築要素之上。專業發展建築師的任務就是要設計

一個具有美感、結構牢靠的建築環境，期能適當地滿足教師、行政人員，以及他們所服務的學生與社區的種種需要。

（四）　專業發展的設計主題

　　位於威斯康辛州綠泉市（Spring Green）的塔列辛，是Wright 設計工作室與草原建築學派的所在地，參觀導覽的解說員常常會導引遊客注意到一個小小的玻璃盒子。裡頭裝著許多幾何圖形的積木方塊，正方體、長方體、圓錐體、三角體等等，那些都是 Wright 小時候玩過的積木方塊。假使這些只是 Wright 在十九世紀童年時期僅有的工藝品，它們頂多就只是有趣的展示品，卻沒有什麼值得一提的。它們之所以是重要的展覽品，是因為這些積木方塊與他的建築作品之間的關係。各種基本的幾何形狀後來紛紛以新奇甚至出人意表的方式出現在他的代表性建築作品中。不管是孩童的玩耍或是成年嶄露創造天才時，Wright 都使用相似的、常見的形狀。這些形狀構成了他的設計主題，而這些看似平淡無奇的形狀，經過他匠心獨具的創造天賦處理之後，轉化成卓越的知名建築傑作，例如紐約市的古根漢美術館、賓州磨坊鎮（Mill Run）的落水山莊，以及威斯康辛州拉辛市（Racine）的嬌生公司總部（S.C. Johnson & Son Administration Building）。教育領域中，專業設計的嶄新藍圖，也和 Wright 建築作品的幾何形狀一樣，使用各種取材自熟悉且常

見的特徵作為設計主題，以不同且新奇的方式加以利用。以下
就是專業發展的嶄新藍圖所採用的六項設計主題。

設計主題之一
・專業發展以學習為本。
設計主題之二
・專業發展必須落實在教學實務。
設計主題之三
・專業職能是持續精進的歷練過程，不是資歷的認證。
設計主題之四
・專業學習與改善教學實務的機會不可限量。
設計主題之五
・學生學習、專業發展，以及組織使命，三者之間關係緊密。
設計主題之六
・專業發展的重點不在方案，而必須以人為本。

（一）設計主題之一：專業發展以學習為本

　　學校這個機構的主要功能就是要孕育與支持學生的智識、
道德與社會方面的發展。諷刺的是，學校往往並非專業學習的
理想環境，甚至對專業發展抱持敵意。更有趣的是，儘管我們
知道且實踐許多關於幼童學習與發展的知識，但是這些知識卻
幾乎不曾被用在學校專業發展的設計、提供方式與評估過程中。
儘管再嚴苛的環境也阻止不了學習，研究與經驗還是明白告訴
我們，只有當教學方面、課程方面、發展方面與環境方面的因

素都能夠恰如其分地結合成一個能夠激勵與支持學習者的最適
教學環境時，才能成就最大化的個人學習。

　　設計主題之一就是，專業發展必須以學習為本。只有當我
們認清這一點之後，才可以將重心擺在學習者身上。專業發展
向來過於強調學習活動的設計（工作坊、演講或研討會），卻
忽略了學習者的需要。就讓我們從已知的有關學習的專業知識
中，找看看有哪些教學基本原理。

　　舉例來說，我們知道：

- ●學習者在不同階段的發展過程有不同的需要。
- ●學習者有不同的學習風格偏好，該偏好也影響到他們的學習。
- ●學習者先前具備的知識對他們的學習影響甚鉅。
- ●學習者的動機與反省的機會是學習過程的關鍵因素。

　　現在，我們把「學習者」這三個字用教師或是校長來取代。
取代之後的教學原則是否清晰可見於你所服務的學校專業發展
的設計與提供方式呢？這些有關人類認知的基本知識究竟透過
哪些方式影響了你對於你學校專業發展的想法呢？當然了，關
於人類的認知過程，我們知道的不僅僅只有這四點。我要強調
的重點是，我們只需將我們有關學習的知識應用在學校的專業
發展的設計，就可以了。這些教學原理都非常熟悉。藉著使用
這些教學原理，就可以組織新的方法來支持專業學習、成長，
並改善專業發展的實務，這些都是專業學習共同體的本質所在。

（二）設計主題之二：專業發展必須落實在教學實務

　　教師與校長也是學習者，而且持續整個教書生涯都是如此，對此事實的體認，一點也不新奇。有卓越教學技巧的教育工作者，多半藉著長期參與暑期進修班、在職訓練、研究所課程，以及無數次正式與非正式的活動，以便獲取新知識與新技能，來改善他們的教學實務。現在與以往有所不同的就是愈來愈重視專業發展及專業發展與學校改善、組織發展，以及強化學生學習之間的關連性。專業發展向來被認為是等同於課後會議、暑假，以及下班之後的時刻。研究者、決策者，以及實務界人士現在開始體認到，專業發展不可能是辛苦忙碌一天之後再額外加上去的活動，也不可能只是給那些有興趣的人有機會來參與的選擇性活動。學習的機會並不是組織給予員工的非必要奢侈品，不應該取決於各種隨性的預算刪減過程的不確定因素。持續的專業學習必須是專業工作的一個面向，落實在每日例行工作與組織文化中。[8] 為了讓這個理念能夠在學校發生，專業發展必須被視為理當存在的工作，是專業能力與實務楷模的核心要素。專業發展的設計者所面對的挑戰是，該如何在教育者例行工作日之內提供專業發展的結構、過程與資源，以便於他們學習，進而藉由實務來反省所學。

（三）設計主題之三：專業職能是持續精進的歷練過程，不是資歷的認證

　　從美國教育史的過程來看，以前的教師只要完成訓練課程，領取證照之後，就開始教書，直到他們決定邁向下一個階段，或是退休為止。除了最初開始任職前的培育階段之外（preservice preparation），幾乎沒有任何其他正式的要求。入行的門檻低，要取得教書與學校行政工作證照的要件也非常低，讓某些人以為如果其他工作進行的不順遂的話，教育工作是很方便的工作備胎。就像單一教室的小學或是幻燈片投影機，這些日子已經不存在了。教書與學校的領導已經演變成一項複雜且高難度的工作。任職前的訓練、教學實習，以及試用執照（probationary licenses），都是任何踏入教書與學校領導工作這個專業社會化旅程一開始所必定會經歷的階段。美國很多州已經開始設置新的門檻，規範新任教師與校長在取得證照資格之前的相關要件，因為他們開始體認到，剛入行的教師只能算是新手，因此需要在結構化設計的支援環境中繼續磨練，等到他們獲得額外的知識與技能的發展之後，才可以授與他們進階的教學證照。在這段進一步審核的試用期當中，教師所任教的地方學區以及州級發照主管機構規定，參加者必須設計專業成長與發展的計畫，不僅目標要明確，而且要有充分資料來佐證該教師的專業能力。教書證照定期更新時，也規定教師必須要具備持續專業成長與

發展的規劃書。這種替教師與行政人員的職業證照審核要件的設計，傳達了一個明確的訊息：教育工作是一項長期發展的延續性過程，必須矢志追求高標準的實務，並持續不斷地推動專業發展。

（四）設計主題之四：專業學習與改善教學實務的機會不可限量

最近我有機會花一天的時間參加一個位於瑞典北方名叫莎米（Sami, Laplander）的營地。接待我們的主人帶著我搭乘雪地摩托車跋涉至好幾英里外的冬季營地，比賽馴鹿套圈圈，雪橇競速，並且在鹿皮做的帳棚下享用火烤鹿肉、麵包、黑咖啡。一整天下來，充滿各種歷險，新奇經驗，以及鮮活的意象。那個當下，我仍未領悟到，那次難得的經驗對我的專業思考與專業實務竟然有著深遠的影響。事實上，我的學生應該不太可能知道我和莎米族人那天的經歷。儘管如此，我相信那是一個讓人改頭換面的學習體驗。我被引領入一個相當獨特的、具有截然不同的世界觀的異族文化中。我自己有關現代社會生活與專業工作的各種假設與知識，從此都面臨挑戰；那種不協和感創造出一種緊張關係，持續影響著我的思考與為人。

作為一個設計原則，活生生的體驗一旦經過轉型之後進入專業學習的過程，就能夠提供意想不到與靈光乍現的神奇要素，激發腦力、心智與性靈。在傳統專業教育發展的框框之外，我

們可以看到的是各種能夠增進、激化，並啟迪教師專業思考與
工作的無限可能性。我的重點並不是要摒棄包括員工發展、訓
練，以及其他傳統專業發展形式的正式學習管道。然而，我的
確相信，教師與校長的學習機會也同樣存在於他們在課堂與校
園以外的多樣生活體驗。

（五）設計主題之五：學生學習、專業發展，以及組織使命，三者之間關係緊密

像學校這種複雜組織日漸專門化之後，始料未及的結果之
一，就是零碎化與失聯感。學校與學校裡頭的人群也受到分離
與專門化的深遠影響。這種現象或許得歸咎於美國工業化時期
的組織原理的遺緒。十九世紀是美國公立學校的數目以指數方
式暴增，而且學生群體更加多元化的時期，當時的教育界領袖
與決策者透過諸如採礦、鐵路、製造業與軍事工業等其他部門
的經驗，汲取一套用來組織、管理與運作學校的理念。[9]美國工
業化時期最主要的組織原則包括了：專門、最大化、集權化、
集中化以及標準化流程。這些大家所熟知的原則後來也成了目
前學校管理常見的全面品質管理理念。[10]以往學校並不見得是用
這些原則來組織起來的。教育界人士刻意重新思考學校的組織
與運作該用哪一種方式來管理，才能滿足社會與經濟的全新現
狀。儘管這項任務並不容易，新的現狀與挑戰終將要求新的思
考方式，來反省學校以及在學校工作的專業教育人士。我相信

只要透過一種能夠將目的、人，以及人類成長與發展的可能性連結融貫成一個全新整體——成為專業學習共同體——的方式，來思考學校與專業工作，就能夠達成該項任務。這也意味著我們必須要以一種系統性、整合性的方式來思考。重要的是，我們要看出學生學習、專業發展，以及組織目的三者之間互相依賴的密切關係。這三個面向當然一定有重要的差異，但是當它們結合在一起時，就能產生巨大的組織力道與人類生成的威力與增效作用。

（六）設計主題之六：專業發展的重點不在方案，而必須以人為本

要解釋這個設計主題的基本精神，或許可以透過中國古代的政治家管仲的話。他在申論國家長治久安之道時，表示：「一年之計，莫如樹穀；十年之計，莫如樹木；百年之計，莫如樹人」。專業發展的嶄新建築藍圖以人為本，以人性為依歸。儘管專業發展的技術、文化與結構面向都是能否成功的關鍵因素，教育界人士能否養成認同感與道德目標，這個面向的重要性，卻不是光有教書技巧與專業技能所能企及的。正如 Parker Palmer 所主張，了解教師的心理圖像，彰顯他們作為個人與專業人士的本真性情，才是支持他們順利發展的關鍵要素。「為了充分領略心理圖像，必須透過以下三條途徑：智識上、情感上與精神上的途徑，缺一不可。若是將教書簡化成智識上的活動，就

成了冰冷的抽象運作；若是將教書簡化成情緒上的活動，就成了自戀行為；若是將教書化約成精神上的活動，就與現實世界脫鉤。智識、情感、精神，這三個面向必須相互依賴支援，才能成就整體性的教育」[11]。教師與行政人員也必須互相依賴支援，透過個別與集體的方式發展學習能力並強化專業技能，才能成就整體性的教育。

五 重新設計學校專業發展的重要性為何？

至少有五大理由促使我們重新設計教育專業發展。

教育工作既複雜又吃重。教師與校長的工作日益繁複且吃重，或許已經是公共教育有史以來對他們的專業能力要求最高的一段時期了。之所以不斷出現要求教師專業發展的呼聲，並不是基於對教師專業職能的質疑，而是基於體認到今日學童的就學需要與社會需要，特別是那些居住在貧窮的偏遠地區或是市區的學童，因此，教師與校長就必須具備更新、更好的知識、技巧與專業能力。舉例來說，當 1940 年的老師在一項研究中列出他們認為校園內主要的威脅時，他們列舉的項目大多是包括吃口香糖、亂丟垃圾、插隊、服裝不整、講話太大聲、在教室奔跑等等逾矩行為。但是到了 1990 年代，老師們所面臨的新挑戰顯得更加嚴峻，包括學生自殺、攻擊、搶劫、強暴、未成年懷孕，以及吸食毒品等。[12]貧窮、暴力、虐童、遺棄、毒品，以

及無家可歸等等狀況，都是教師與校長每天例行工作可能面對的嚴峻挑戰。儘管學生的行為舉止依舊是重要的議題，威脅的嚴重性，以及教師與校長為了有效因應學生狀況的必備知識與技巧，卻已經有了徹底的改變。教書始終是一項吃力的專業工作。然而，今日教師與校長的工作環境顯然已經與 1940 年的環境截然不同了。

工作坊、來賓演講、各種在職研討會，甚至更進階的學位，向來都是教育界人士為了獲取新知以改善教學實務所採取的主要管道。這些活動有其價值。然而，只要教師與校長依舊是被動地接受新知與訊息，只要他們反省新知識的機會依舊受到侷限，專業教育將很難提供他們足夠的專業知識與技巧，來有效處理當代學生所產生的多樣問題與教育需求。教師們除了精通學科知能之外，也需要懂得各種教學技巧，才能幫助那些具有多重障礙的學生、學習遲緩的學生，或甚至有暴力傾向的學生。此外，將新的資訊科技注入校園的趨勢也更進一步突顯了教師學習與發展的需要。傳統那種下班之後「坐著聽課學習」的在職進修方案，已經無法因應教學工作的性質與複雜的獨特需要。

專業發展與學校改善：日益浮現的共識。第二個重新設計專業發展的主要理由是，教育界的多項改革報告與政策提案紛紛顯示一個正在形成的共識：專業發展是學校改善與廣義教育改革的重要元素。一項回顧過去十年來政策與改革相關文獻的研究指出，為了替所有公立學校的學童增進學習機會與加強學

習成果，最有效的方式之一，就是改善學校教師的品質與專業能力。例如：美國教師聯盟（American Federation of Teachers, AFT）發行的《專業發展指南》（*Professional Development Guidelines*, 1995）；Darling-Hammond 與 Sykes 合著的《教書是學習的專業：政策與實務手冊》（*Teaching as the Learning Profession: Handbook of Policy and Practice*, 1999）；全美教學與美國未來委員會（National Commission on Teaching and America's Future, NCTAF）發行的《最重要的事：為了美國的未來而教育》（*What Matters Most: Teaching for America's Future*, 1996）。[13] 這些出版文獻都指出，進一步提升學生的成就，應該是學校改善規劃與改革努力的主要目標。

　　這些領域的成功幾乎不可避免地與教師及校長能否持續接受高品質的學習機會有關。創造學習的管道與機會，才能替學校形塑專業發展的嶄新建設藍圖。有關實務楷模的研究與報告都指出，下列幾項特徵是教師與校長專業發展能否有效的共同特徵。

有效的專業發展：

- 具有連續性。
- 能夠連結學生學習、教師需要、以及學校目標。
- 以學校為基礎，落實在工作環境中。
- 得到各種資源的支持，包括時間、金錢、過程、以及結構，以便確保成功。
- 整合且著各種創新作為以增強學生學習並帶動學習成效。
- 運用多重資料來源規劃、實踐與評估學生學習與專業實務活動。
- 要求老師與校長去學習如何辨別與設計能夠滿足個別與集體需要的學習經驗。

新的認證規定。體認到專業發展對改善學校與學生成就的重要性，是絕對有必要的，但光是如此，仍然不夠。從一個能夠跳脫專業發展傳統框框的嶄新藍圖，所創造出的學習空間，可體認到教師與校長工作生活的各種複雜性與現實處境，而且能兼顧他們為了增強教學實務所做的持續成長與發展。專業學習的新設計也必須體認到，專業準備與實務從新手到專家之間的轉換，是一個連續性過程。我們最近觀察到的趨勢是，各州的認證委員會開始更進一步細分教師專業證照的等級，初次任教的教師與校長只能獲頒**試用執照**（probationary licenses），以教書為業的教師可以獲頒**專業證照**（professional licenses），至於那些已經展現且取得文件證明已經具有專家知識與能力的候選人，才會獲頒**進階證照**（advanced licenses）。專業發展的規劃是這些證照頒授過程中的重要成分。到目前為止，已經有許

多認證委員會採取類似的措施，包括了「全美專業教學標準委員會」（National Board of Professional Teaching Standards），「全美學校心理師協會」（National Association of School Psychologists），「美國口語語言與聽力協會」（American Speech-Language-Hearing Association）等等。[14]

教育界人士的證照更新過程也經歷了類似的改變。很多州現在開始規定教師與行政人員為了更新證照，必須維持並且遞交一份專業發展計畫書，裡面要說明專業成長與改善教學實務的關聯。以前的做法是，教師與行政人員完成其專業的證照課程之後，向所屬的州提出工作執照。通常，每五年會申請更新這種工作執照，繳交手續費。儘管專業發展始終是升遷與證照更新的隱性目標，當今的認證與證照更新過程則是將專業發展明確界定為考核證照之取得與更新的要件。[15]在以前教師與行政人員只要每五年修完六學分即可，不管那些課程與工作有何關聯，再將修課的證明文件寄給州政府主管單位，就可以完成證照更新的動作。現在已經不能這樣做了。在學院與大學修得的研究所學分是獲得專業知識與技能的重要機會，但是申請證照更新的教師與行政人員必須解釋清楚他們的教學實務與專業成長的規劃之間究竟有何關聯。此外，新的規定要求也認可傳統課程與研究所學分之外，各式各樣的專業發展機會。這些可能包括了諸如讀書團體、以參與者和報告者的身分參加專業研討會、行動研究計畫、個別指導、課程工作小組等等。[16]

教育成效的績效責任問題。美國教育品質評鑑近年來起了根本的轉變，也是重新設計專業發展的一項重要因素。對教師與校長而言，教育成果始終是非常重要的。多年來，決策者與政策推動者始終藉著評估教育系統的輸入性質與品質來評估教育品質。主要的方式包括了：每名學生分到多少經費、開課課程的廣度與深度、專業師資的學位等級與領域、硬體空間與設備，以及師生比等等。有很多文獻在探討輸入品質與教育成效之間的關連。[17]儘管輸入的品質對學生學習成功與否非常重要，有愈來愈強的呼聲要求指出，學生的學習成效也應該是教學評鑑的重要一環，而學習成效的評量也逐漸成為教育品質評鑑的一項新指標。為了回應大眾的需求，並突顯其政治影響力，全美各州的州議會，乃至於最近的聯邦政府，開始強制規定新的評鑑標準，要求地方學區、學校、行政人員以及教師，都必須對「學生應當具備的知識與能力」負責，那個詞彙也就成了這項標準運動的順口溜。以標準為基礎而設計的課程、關係重大的測驗，以及教育成果報告表，已經成為提供與評鑑教育品質的新現實。

新的管理規定促使全美超過一萬五千個地方學區開始想辦法改變因應，影響所及，員工發展與在職訓練的計畫開始專注在配合新的標準。這些學區動輒投注上千萬元的經費與多不勝數的時數，在在都說明了教育品質開始著重學生學習成果的實際表現這項變革的根本重要性。某些教育界人士對此依舊感到

懷疑，他們認為，將時間、金錢與心力通通集中在配合新的評鑑規定，只會對學生的學習成果產生極為有限的成效。地方學區與學校配合評鑑標準的改變是一回事；要改變教師的知識、信念，以及在教室內的教學實務，則又是另外一回事。

問題與可能性：專業發展的弔詭。儘管各方普遍有志一同地認定專業發展對學校改善的關鍵角色，卻依舊面臨一個弔詭情形。一方面，熱心人士許諾各式各樣，甚至是過於誇大的遠景，認為專業發展具有值得大書特書的回復能力，能夠重新賦予教師新生命，改善教學，推動學校轉型，打破傳統教室教學方式的成規，提高學生的表現，解決不平等與種族歧視的問題，賦予教師新的能力，並且能重新設計課程以及教師的任務。另外一方面，執行者與學者卻指出專業發展的一籮筐問題。紀錄顯示，學校中的員工發展與在職訓練受到許多限制，其中包括：(1)它們多半支離破碎、解體不堪；(2)對於教學實務的改變不大；(3)往往很難整合在教師每天的例行工作；(4)關注層面過窄；(5)缺乏健全的評估系統；(6)在概念上與方案規劃上，和教師任教之前的培育階段脫節；(7)往往未能提供充足的後續資源補助與援助，來督促教師教學實務與（或）學校結構的改變。講到這裡，你可能會兩手一攤，表現出一付「有什麼用！」的姿態。就像 Charles Handy 所說：「弔詭現象就像天氣一樣，最好容忍一下，不要試著去解決，最壞的情況是將它加以緩和，好的情況時就盡情享用，並且作為往後因應的借鏡」[18]。我的看法是，

這些矛盾都是緊張關係的溫床，而緊張關係往往激發創造力，並強迫我們有強烈的原動力去找尋新的方法，想辦法解決持續困擾著教育界人士學習與專業實務的種種問題與兩難困境。在希望與問題之間的矛盾對立提供了一個機會，讓我們重新思考並且重新設計學校裡教師與行政人員的學習環境，替教育的專業發展開創嶄新的建築藍圖。

（六） 專業發展的典範轉移

一開始，學校專業發展的某些新設計可能會看起來格格不入，就像 Wright 的草原學派風格房舍在十九世紀傳統住宅區之間顯得突兀一樣。要將專業發展重新設計成一個新的建築體，能夠作為學校長時期成長與發展的基本藍圖，並不容易。每個人都喜歡專業發展有所改進；他們不習慣的是不同型態的專業發展方式。典範的轉移需要新的思考，新的組織架構，並且賦予專業發展新的文化環境才行。

要改變任何一個複雜的系統，都必須具備願景、知識、技能、誘因、資源，以及付諸實現的行動。[19] 要改變專業發展的典範，必須具備一個我們希望它是什麼樣子以及應該看起來像什麼樣子的願景。一旦我們把這個願景想清楚，就可以分析現狀與願景之間的鴻溝。要跨越這道鴻溝，必須具備諸如新資訊、新技術、新技能等要件。因為很多人自然而然地會對於學校專

業發展機會的劇烈轉變感到遲疑，因此也必須設置一組能夠適合該願景，且合乎個人與團體需要的誘因。其中可能包括目前薪資調整規劃的改變，擺脫過去那種根據表現與服務年資而調漲的結構。學校專業發展的嶄新建築藍圖必須具備兩大資源——時間與金錢。透過計畫挹注的外部經費、新編列的預算、他處挪用的經費，這些都將是主要財源。將時間加以重新設計，以便能夠支持學生與員工的學習共同體，也是非常關鍵的資源。最後，我們也需要付諸行動的計畫，才能夠成功地驅使我們從現狀邁入願景。行動計畫必須詳列過程，協調後勤資源的提供方式，並且評估達成目標的進度。接下來的章節中，我將更仔細地描述這裡提到的每一個要件。

參觀網址

■ **www.ncrel.org/pd/**

North Central Regional Educational Laboratory（NCREL）提供專業發展的研究成果以及實務經驗的摘要。

■ **www.ed.gov/inits/teachers/eisenhower/**

網路版的「設計有效的專業發展：艾森豪計畫的啟示」（Designing Effective Professional Development: Lessons from the Eisenhower Program）。

■ **www.nrpdc.org:8080/nrpdc/**

Northeast Regional Professional Development Center（Region 8）

是俄亥俄州境內十二個專業發展中心之一，負責提供中小學的
教育工作者長期延續性，並且有意義的專業發展。

■ **www.ascd.org/**

Association for Supervision and Curriculum Development 網頁提供
活動行事曆以及專業發展的相關資源。

■ **www.nsdc.org/**

National Staff Development Council 網頁提供了專業發展活動、
資源，與目前活動的列表。

進階閱讀書單

Corcoran, T. C. (1995). *Transforming professional development for teachers: A guide for state policymakers.* Washington, DC: National Governors Association.

Guskey, T. R., & Huberman, M. (1995). *Professional development in education: New paradigms and practices.* New York: Teachers College Press.

Hassel, E. (1999). *Professional development: Learning from the best.* Oak Brook, IL: North Central Regional Educational Laboratory.

National Foundation for Improvement in Education. (1996) . *Teachers take charge of their learning.* Washington, DC: Author.

National Staff Development Council. (1995). *Standards for staff development: (Elementary School; Middle School; and High School Editions).* Oxford, OH: Author.

Sparks, D., & Hirsch, S. (1997). *A new vision for staff development.* Reston, VA: Association for Supervision and Curriculum Development.

U.S. Department of Education. (1999). *Designing effective professional development: Lessons from the Eisenhower Program.* Washington, DC: Author.

附註 ▶▶

1. Shepheard, P. (1995). *What is architecture? An essay on land scapes, buildings, and machines.* Cambridge, MA: MIT Press.

2. Retrieved July 1, 2000, from www.taliesinpreservation.org and www.wpconline.org/fallingwaterhome.htm

3. *Truth against the world: Frank Lloyd Wright speaks for an organic architecture.* Washington, DC: Preservation Press, National Trust for Historic Preservation.

4. O'Gorman, J. F. (1998). *ABC of architecture.* Philadelphia: University of Pennsylvania Press, 16.

5. Ibid., 12.

6. Retrieved July 1, 2000，有關泰姬馬哈的介紹，請看：www.
rubens.anu.edu.au/studentprojects/tajmahal/actualtomb.html；
有關塔列辛的介紹，請看：www.taliesinpreservation.org；有
關雪梨歌劇院的介紹，請看：www.soh.nsw.gov.au/virtual_tour/
vrtour.html；有關阿罕布拉宮殿的介紹，請看：www.red2000.
com/spain/granada/1photo.html。

7. O'Gorman., 4.

8. Bredeson, P. V. (2000). Teacher leaning as work and at work:
Exploring the content and context of teacher professional de-
velopment. *Journal of In-Service Education, 26*(1), 63-72.

9. Bredeson, P. V. (1988). Perspectives on schools: Metaphors
and management in education. *Journal of Educational Admin-
istration, 29*(3), 293-310.

10. Toffler, A. (1970). *Future shock.* New York: Bantam Books.

11. Palmer, P. (1998). *The courage to teach: Exploring the inner
landscape of a teacher's life.* San Francisco: Jossey-Bass, 4.

12. Glazer, S. (1992, September 11). Can anything be done to curb
the growing violence? *Congressional Quarterly Researcher.*
Retrieved July 1, 2002, from http://library.cqlibrary.com [1992,
September 11].

13. 請參考以下資源：Darling-Hammond, L., & Sykes, (G. 1999).
Teaching as the learning profession: Handbook for policy and

practice. San Francisco: Jossey-Bass. NCTAF (1996). *What matters most: Teaching for America's future.* New York: National Commission on Teaching and America's Future. *Principles for professional development: AFT guidelines for creating professional development programs that make a difference.* Retrieved July 1, 2002, from www.aft.org/edissues/downloads/ppd.pdf

14. Retrieved July 1, 2002, from www.nbpts.org; www.nasponline.org/index2.html; and www.asha.org

15. Retrieved July 1, 2002, from www.dpi.wi.us

16. Wisconsin Department of Public Instruction PI 34 regulations for licensure.

17. 目前有關這個主題的文獻整理，請參考：Monk, D. H., & Plecki, M. L. (1999). *Generating and managing resources of school improvement.* In J. Murphy & K. Seashore Louis (Eds.), *Handbook of research on educational administration.* San Francisco: Jossey-Bass.

18. Handy, C. (1994). *The age of paradox.* Boston: Harvard Business School Press.

19. 請參考"Factors in managing complex change" Knoster (1991) and Ambrose (1987). Retrieved July 1, 2002, from www.ctassets.org/pdf/reading/factorsmngng.pdf

CHAPTER **2**

打好地基：
專業發展的根基與基礎

你如果在空中興建城堡，你的工作還談不上失敗；城堡本來就是要蓋在那裡。接下來，該設法鞏固城堡底下的地基吧。[1]

一、導論

大約在 1970 年代初期，我和內人也搭上當時流行的風潮，搬到鄉下，買了塊占地四十英畝的空地，準備開始打造嶄新的生活。當時我們並不清楚，包括興建小木屋、穀倉，甚至雞舍在內的建築體驗，後來竟成了理解專業發展之必要基礎的關鍵體驗與核心知識。當時的建築經驗所獲得的體驗之一就是，興建任何東西務必需要細心規劃、合適的工具，以及穩固的地基。對於如何打造學校專業學習之穩固基礎這項任務而言，每一項建築體驗都具有重要意涵。本章首先將討論打好地基這件重要工作。接著我將指出，專業發展的嶄新建築要有穩固的地基，就必須具備三大核心特質。我認為，該地基必須(1)夠深；(2)夠廣，而且(3)夠牢靠，才能夠穩固地撐起專業發展的結構，並確保它的長期運作成效。最後我將要定義何謂專業發展。

二　專業學習的基礎

對任何建築物而言，地基都是外表看不見，但卻是最為核心的重要部分。為了承擔地面建物的重量與力量，建築師必須設法藉助地基所提供的支撐力來承擔各種壓力，在不同壓力之間維持平衡，進而提供建築物穩定的支持與堅實的結構。建築設計圖必須考量建築物所在的建築工地；工地表面與地貌的特徵；地面之下的地質結構；以及工地附近特有的環境與氣候條件。每一個因素都會影響建築地基的設計與使用材料的選擇與決定。就像硬體結構一樣，專業設計也依賴地基與基礎來提供支撐與穩定性。學校專業發展的根基與基礎看起來應該像什麼樣子呢？

（一）工地的選擇

建築師在設計建築物時，建築工地的特徵同時提供了設計方面的機會與限制。同樣地，專業發展設計師在設計適合於教師需要與當地環境的專業發展規劃時，學校與社群的特徵也是設計師們必須面臨的挑戰。儘管不同學校之間或許存在許多組織與文化方面的相似性，沒有任何兩間學校或是教師的成員是完全相同的。歷史、文化、學生、教職員、目標、社群環境以及資源，都將深刻影響每個學校的特性。即使我們已經能夠辨

認出該校獨具的特徵，專業發展的許多傳統模型依舊無法替學校與學校所屬的在地環境提供合適的基礎。立意良善的學習活動以及在地環境之間的不一致性，是以下花絮方塊要說明的問題。

> 我在教育生涯初期曾經擔任過校長，同時也選修一門有關課程規劃的研究所課程。班上某組成員被指定要發展新的策略來強化體育課程。該組成員使用一個課程規劃的「模型」，提出一套全面的設計，不僅滿足學習的目標，也提供學生獨到的寶貴經驗。課程設計的活動之一，就是要邀請當地的舞蹈團來學校指導學生。儘管台上報告的同學講得興高采烈、口沫橫飛，我坐在台下，心裡想的是，這間學校置身在一個迷你的小鎮，只有包括一個磨坊工具雜貨店、一家銀行、一間加油站，還有一些地方性的旅館。我心裡想，邀請在地舞團來學校，究竟會是什麼樣的光景。我的思緒開始縱情馳騁，甚至到了放縱的程度。我唯一能夠想到的舞者是 Tullie，一個婀娜多姿、甚至有點性感的旅館老闆。當我在康乃狄克州的郊區教書時，我可能會替在地舞團想到不同的可能性。了解在地的環境脈絡、可能性與限制，是我們在評估專業發展的場所與可能性的關鍵考量。對某些地點而言是好的想法甚至是最佳作法的規劃案，不見得永遠都能夠同樣適用於其他學校場所獨有的特徵。

教育界人士常常從包括商業界、工業界，甚至軍事界在內的其他部門借用概念和理念。我們在學校常常使用一些我們從未仔細思索過其字源的語言，正好可以說明這個現象。我們常常聽到**標的物**（targets）、**策略規劃**（strategic planning）、**全面**

品質（total quality）、**零缺點**（zero defects）、**業務單位與幕僚**（line and staff），以及**花錢追求績效**（pay for performance）。甚至在最近我們還聽到決策者提到「要讓各種教育改革的模型都要符合比例」（taking various educational reform models to scale）。而許多出於善意的教育改革者甚至開始接受一套源自製造業部門的想法：一旦發展出原型設計（prototype）之後，只要稍加潤飾，就可以在超過 15,000 個地方學區複製同樣一套制度，幾乎不需要顧及當地條件與特色的獨特性。

文獻顯示，愈來愈多人相信，替專業發展設計單一的最佳模型這種想法已經過時了，取而代之的信念是，我們應該設計一套組織原則與過程，讓教師、教育行政人員以及決策者可以用來設計他們自己的專業發展所需要的模型。舉例來說，「北中區域教育實驗中心」（North Central Regional Education Laboratory, NCREL）就提供這樣一組設計指南，裡頭包括可以用來設計長期有效的專業發展制度。根據多名曾經獲得全國性專業發展獎項的得獎者的經驗，這本指南呈現給教師、教育行政人員與決策者寶貴的理念和經驗，使他們得以根據他們在地學校的獨特遠景、目標、學生組成、專業人員等因素，量身打造合適的專業發展方案。[2]

參觀網址
www.ncrel.org

專業發展：以最佳者為榜樣。教育界常見的那種單一尺寸適合所有人（one-size-fits-all）的在職訓練計畫，或許是最典型

的那種作法，用事先包裝好的專業發展活動，硬套給某個單位，
完全不管該校的獨特性格或是教師的需要。由於我們很熟悉這
種形式的教職員發展，我們往往不會去思考這種形式的人員發
展，對於教師及校長的專業發展需求究竟有多麼不合適。為了
支持我的想法，請你想一想，要設計師在對建築場所一無所知
的情況下去設計一棟建築物，有多困難。在完全真空的狀態下，
沒有任何建地水平標高、地貌，或是使用目的等狀態下，要建
築師設計任何建築，都是非常困難的。也像前面那個方塊裡頭
描述的故事一樣，考慮一下結構與建地之間可能產生的格格不
入。又例如，想像一下 Wright 把落水山莊的設計移植到內布拉
斯加州的草原上，或是移植到都市地貌上，將會是什麼樣的光
景。看起來的確很荒謬可笑，但是類似的情況卻常常發生在學
校中。新的方案與訓練課程，被介紹給教師，
只見許多教育同仁站的遠遠的，對他們眼前這
套奇怪的設計規劃感到訝異，思索這種訓練活
動與規劃究竟與他們最關鍵的專業需要有何關
係。

參觀網址
www.wpconline.org/
fallingwaterhome.htm

（二）從其他人身上學習：模型與清單

很多地方學區已經發展出能夠強化專業學習與專業實務的
設計與經驗，可以作為我們學習的榜樣。透過分享專業知能、
實作智慧，以及批判性洞見的方式，對教育界作出貢獻，正是

專業人員應該表現出的正字標記之一。有效的專業學習設計模型具有許多共同原則。[3]向同僚學習，是新手與以教育為生涯職志的教育界同仁進行專業發展的主要方式。儘管如此，我們也知道，個別教育工作者發展他們特有的專業知能的方式，與他們的專業同僚所採取的方式，幾乎不會完全相同。因此，想要單純的複製各種教職員工的發展模型（最佳實務），而不顧及個人與工作環境的獨特性格與特徵，只會浪費資源，並且讓教師與校長感到沮喪。有關表層特徵、底層條件以及環境因素，我們應該知道些什麼呢？畢竟這些因素都會影響到我們如何替教師與校長的專業學習奠定穩固的基礎。

參觀網址
www.nsdc.org
有關專業發展的各項標準；
www.ed.gov/inits/
teachers/eisenhower/
可以找到網路版的
「設計有效的專業發展；艾森豪計畫的啟示」。

(三)　鋪設地基：要深、要廣、要牢靠

　　不管是哪一所學校，替教師與校長設計的專業學習與發展整體結構，都必須奠基於能夠長期穩定提供支持的地基。我相信這些地基必須滿足三大要件。它們必須要**夠深**，才能承受得起地表的高聳建築所帶來的嚴苛考驗。它們必須**夠廣**，才能將結構與過程的重量平均分配，替專業發展提供穩定的基礎。最後，它們也必須**夠牢靠**，長久下來，才能夠持續提供支持，確保專業發展的結構以及預期效果能夠永續存在。

（一）夠深

　　教師與校長的專業學習一直受到政治環境、預算膨脹或緊縮、不可見的社會動盪，以及新的工作需求等等因素所衝擊。為了承受來自各方、可能威脅學校專業發展之品質與環境的力量，專業發展必須奠基於根深蒂固的價值、使命感，以及明確的道德目標。首先也是最重要的是，專業學習必須是學校社群中最深層也最核心的一項價值。教師、教育行政人員、地方學區管理委員會委員，以及社群成員都需要了解持續學習對於高品質專業實務的價值，唯有高品質的專業實務才能滿足學區內莘莘學子的需要。

　　重視學習的價值，會影響到學校的所有面向。舉例來說，當學習受到高度重視時，很難想像專業發展會成為預算緊縮時第一個被點名刪減的項目，無視於這樣的決定對專業工作、學校目標，以及學生學習成效所帶來的重大衝擊。重視學習也會影響新老師與教育行政人員的招募與雇用。地方學區委員會與教育行政人員，站在雇主這一方，會根據他們所堅信的學習的價值，尋覓那些信守終身學習的價值，而且也樂於把自己的學習和其他人的學習過程關連在一起的人選。最後，當專業學習的價值得到高度重視時，組織變遷的過程以及學校的各種創新方案，將會考量學校同仁為了能夠成功推動這些新措施而必須具備的學習需要。

　　重視學習的價值，也能要求教育工作者必須明確肯定學習對高品質教學的重要性。在專業學習共同體中，教師與校長都是終身學習者，他們重視他們自己的學習，也重視其他人的學習。較傳統的工作環境中，專業改善是個人的事情，甚至常常和其他人的工作與學習毫無關連性，但是在專業學習共同體的文化中就不一樣了，教育工作者透過對話、諮詢、反省過程，以及共同參與的工作，與大家分享知識。這些分享過程有助於增強明確的學習價值，提升個人與集體對於實務的了解，並且對組織的改善作出貢獻。明確重視學習價值，最好的例子就是在科羅拉多州的亞斯提公園市（Estes Park）的鷹岩學校（Eagle Rock School）所經歷的專業互動過程。[4] 該校的教師使用一個廣播通訊協定的過程來分享專業知識，並透過共同批改學生作業的方式增強對話。

　　地基要夠深，就必須滿足八項承諾。以學習價值為基礎，這些專業承諾將構成學校專業學習社群不可或缺的底層根基。

　　圖 2.1「建地調查：專業學習的承諾」，呈現的是一套可以用來評估個人與組織對於專業發展的承諾水準的檢驗工具。這八個項目要求你評估貴校、貴學區，或是貴組織的專業學習環境。每個項目評分的總和，就是一個承諾水準高低的總積分。這些積分描述了專業學習之承諾的水準強度的認知。這些評估資料可以被用來發動對話，以求釐清如何維持或是改變專業學習承諾的水準。

> **專業學習共同體**
>
> - 把適切的資源——時間、金錢、物資與人力——全部用來增進專業學習與實務。
> - 專業學習與工作的整合方式，必須注意到專業工作的本質與其複雜性。
> - 增進個人自主性與專業成長的責任感，強化專業成長與學校優先考量及學生學習的關連。
> - 剷除任何阻礙學習與學校改善的阻力及反誘因，其中包括缺乏彈性的時間表、不合宜的酬賞結構，以及拖泥帶水的決策過程。
> - 協助教師與校長有效處理矛盾、緊張關係，以及利弊權衡的議題，這些都和他們自己的學習需要以及為學生提供教學服務有關係。
> - 當學習者冒著風險嘗試新作法並且在專業實務的例行作為中因應各種不確定性及因變革帶來的壓力時，要為學習者提供保證與保障。
> - 以個人與集體學習為榜樣，並廣為流傳。
> - 堅定支持他們將學校視為學習共同體的承諾。

　　地基要夠深，也需要以道德目的為基礎。教師與教育行政人員的專業發展，並不只是為了增加新的專業技術知識，也不只是為了學習提升學生測驗分數的技巧而已。我們投注在教師與校長的持續學習上的資源，是對他們主要工作的投資——照顧兒童、作育英才。此外，學生學習與發展也是我們有關民主社會中公共教育的目的所持之信念的基本。以下是 Neil Postman 有關教育的道德目的的描述：

說明：針對底下每個指標，圈選最能代表貴校對於專業發展承諾程度的數字。

1=不同意；2=部分同意；3=還算同意；4=非常同意

承諾的指標	不同意	部分同意	還算同意	非常同意
1.有足夠的資源（時間、金錢、物資與人力，來支持專業學習）。	1	2	3	4
2.專業學習與每日例行工作內容密切整合。	1	2	3	4
3.教師與校長得自主選擇能夠將學校目標與學生學習關連起來的專業發展。	1	2	3	4
4.不利於專業學習的誘因與阻礙，都已經排除。	1	2	3	4
5.人們有能力處理專業工作與學習方面所面臨的矛盾。	1	2	3	4
6.人們要嘗試新事物與風險時，知道背後有支持存在。	1	2	3	4
7.我們都是學習者，成為彼此的表率。	1	2	3	4
8.專業學習與成長得到持續的支持。	1	2	3	4

使用一個具體的例子來說明你的評比：如果承諾程度高，請指出可以用哪些方式維持貴校一貫的高承諾度。如果承諾程度低，請指出可以用哪些方式改善貴校的承諾度。

▲ 圖 2.1　建地調查：專業學習的承諾

學校的使命在於增進美國信念的精神基礎。那是
Jefferson 所了解的學校，是 Horace Mann 所了解的學
校，也是 John Dewey 所了解的學校。事實上，沒有其
他種方式可以了解學校的目的。問題並不是公共教育
是或不是創造一個公眾？而應該是公共教育究竟創造
了哪一種類型的公眾？是一大群自顧私益的消費者？
是憤怒的、喪失靈魂的、缺乏方向感的一盤散沙？是
冷漠、困惑的公民？或是一個深具信心、充滿使命感、
推崇學習與實踐寬容的公眾？[5]

（二）夠廣

　　建築物的興建必須要有地基，才能將建築物的重量分布整
個地基，提供必要的支撐；為了提供支撐與穩定性，地基需要
夠廣，才能將結構的整個重量分攤掉。若是地基不夠廣，建築
物可能會下沉，可能會重心不穩，或甚至可能會倒塌。根據學
校專業發展的嶄新建築藍圖，地基的涵蓋面積必須廣到足夠提
供支撐，並且賦予學習結構與過程穩定性。哪些因素可以讓專
業發展的地基夠廣呢？首先，夠廣的地基必須具備分攤的性質，
足以強化整個基礎。寬廣的基礎又特別重視學校學習者需要的
多樣性。此外，還必須認知到各種足以影響專業學習的重要差
異性。這些差異性包括了個人能力的差異、學習風格的差異、
學習準備度的差異，以及生涯階段的差異等等。專業發展的基

礎需要夠廣，才能應付教育同仁工作的多重面向——智識面向、
人際關係面向、組織面向，以及職業面向。廣闊的地基藉著肯
定專業學習與專業工作之間的重疊關係，也能支持專業發展。
當然了，教師與教育行政人員的工作期間有許多實際上的限制，
箝制了工作內置的學習機會。儘管如此，只要將學習機會分散
廣佈在專業工作的不同面向，就可以減輕學習之事在專業工作
與實務中被邊緣化的不利影響。在內容與教學方法方面持續推
動的專業發展，確實會影響專業實務，並進而影響學生學習。[6]
最後，地基夠廣的專業學習也能顧及教育同仁在學習需要方面、
熱忱方面、心智方面，甚至心靈方面的整體性，而不只關注於
增強他們的技術能力。換句話說，專業學習必備的基礎應該包
括專業知識與專業實務的「是什麼」、「如何」，以及「為什
麼」等面向。

（三）夠牢靠

為了提供長期的支持，地基必須以堅固牢靠的材料打造。
石頭、鋼架與水泥都是建築物常見的材料。在專業發展的脈絡
中，很重要的一點是，**堅固牢靠**（durability）並不等於**僵固死硬**
（rigidity）。堅固牢靠的意義是經歷長時間之後依舊保持其強
度。哪些素材可以讓專業發展維持長期的牢靠呢？充足的資源，
特別是時間與金錢，是任何學校專業學習的嶄新建築的必要條
件。投注在學校教職員專業學習的資源的重要性，不亞於產業

界投注在研發方面資源的重要性。企業鮮少基於預算緊縮的考量而刪減研發部門的經費。如果他們真的這麼做，他們就是掐住了公司的未來發展。同樣地，隨意刪減專業發展資源的作法也是短視近利；專業發展是組織品質的核心要件。任何建築商都知道，偷工減料的建築物不但品質低劣，而且非常不牢靠。

　　地基需要能夠承受環境中各種不同的壓力與張力。視當地環境條件的不同，包括地面結霜、打滑、白蟻、腐朽，以及衰退在內的各種因素，都會對任何建築物的穩定性構成威脅。同樣地，那些會侵蝕學校內高品質的專業學習的核心支柱的事物，也會威脅到專業發展整體結構的穩定性。舉例來說，地方學區常常喜歡壓榨時間、空間以及人員，強迫他們犧牲專業發展與增強專業實務的活動，差遣他們參加組織運作與資訊聚會。再舉另外一個例子，立法機關也常常增列某些強制要件，但是卻很少提供經費以利執行，也沒有經費訓練人員來處理這些變革。政治環境氣氛的變化常常帶來新的目標與優先價值，只不過改變永遠多於改善。還有另外一個威脅，就是輿論對於學校專業發展活動的態度。我們常常會聽到社群中有人把教職員發展計畫描述成「老師又可以少上一天班了」這種講法。會有這種反應，並不令人訝異，部分是因為這些活動會打亂了對孩童的照顧與家長的作息。然而，不管對家長會帶來什麼樣的不便，專業發展依舊是教育工作的一環。學校的集體知識與專業能力也會深受員工退休與流動汰換所影響。最後，組織內的「蛀蟲」，

那些憤世忌俗、抗拒成長、專搞破壞，甚至為反對而反對成性
的壞份子，也會威脅到專業學習與專業共同體的基礎。因此，
牢靠的地基必須使用能夠抵擋這些負面效應的素材來打造。

四　如何打造專業發展的理想基礎

　　在專業發展這塊領域中，知道要做些什麼是一回事；知道
如何達成所設定的成果，又是另外一回事。專業發展的基礎必
須夠深、夠廣、夠牢靠，那麼，要怎麼才能真正落實這樣的理
念呢？圖 2.2 指出，教師與教育行政人員可以將他們有關學校專
業發展穩固基礎的知識，應用在以下四個層面中：個人行動、
結構行動、政治行動與文化行動。就讓我們來看看每一個行動
對專業發展的嶄新建築的穩固地基有何實際的意涵。

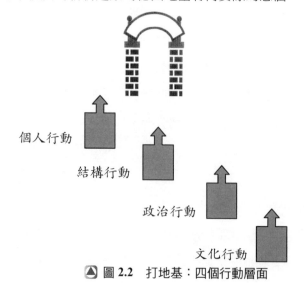

▲ 圖 2.2　打地基：四個行動層面

（一）個人行動

我們從領導與文化研究中發現，成功的領導者善於透過他們的行為來傳達重要的組織訊息。誠如一般所謂以身作則，身教重於言教。[7]如你想要知道學校的學習活動中哪些是重要的，只要看看教師與教育行政人員的行為舉止，看看他們關注的問題是什麼，看看他們對什麼樣的行為提供獎勵，就可以知道了。那麼，這樣的觀念如何在學校的每天例行活動中起作用呢？如果學習的價值真正得到重視，教師與教育行政人員本身必然也是積極主動的學習者，而且他們一定會把學習活動擺在每天例行工作與互動中的優先順序的首位。他們並不區分教學與學習。作為學習者，他們以身作則，在同僚與學生面前樹立楷模。他們和其他人的對話中，會明白地表達那些能夠激勵他們生活與工作的理念與可能性。最後，專業人員也會視學習為己任。身為專業人員，必須領悟到自己有義務不斷學習以便增進技能與改善實務。

（二）開創結構

要能開創一個滋養與支持專業學習的環境，必須格外注意到學校內與學校外的結構特徵。舉例來說，我們知道很多學校的環境都會提供所有員工硬體的、心理的與專業的空間，以便提供最佳的學習環境。因為專業工作經驗是專業學習的強而有

力要件，要能夠替教師與教育行政人員在不離開工作崗位的情況下創造出學習的機會，就顯得極為重要了。教師與校長需要時間開會、對談，並反省他們的工作，以及對學生學習的影響。就硬體空間與物資而言，這自然包括了個人空間（辦公桌與辦公室）、電腦以及其他通訊設備，還有硬體空間（工作室、會議室與對談室、研究實驗室），以便讓專業人員有隨時有互動交換心得的機會。這些都是商業界與其他領域的專業人士最低限度的工作條件。很不幸的是，有為數甚多的教育同仁的專業工作環境遠遠不及剛剛所提及的標準。舉例來說，偶爾會在學校內看到老師和校長坐在給孩童使用的桌子，在走廊上會談，甚至同學上課的教室在使用中而被迫到教師休息室，有時候還得找時間在校外碰面談公事。[8] 這些都根本算不上是理想的專業工作環境，更不可能是持續性學習的理想環境了。

　　如果專業發展是專業工作的核心要件，那麼諸如時間（上班時間，不管是上班日、周或是學年）、合適的材料、人力，以及財務資源，都必須到位。然而，即使當學校已經有足夠的財源來支持全面的員工發展計畫，要找出時間來進行，始終是個很大的挑戰。許多地方學區紛紛自己設想具有創造性的方式來擠出時間供作專業發展之用。[9] 安排相同的規劃時間，雇用職務代理人來讓教師可以參加協作性工作，在契約中增加暑假要到校的天數，甚至重新調整學期開始與結束的日期等等方式，都是為了為專業學習找時間而常見的作法。

提供誘因，移除專業成長的障礙，並推動評估系統，都是能夠支持學校內專業學習的結構性特徵。學校與社群需要開創一套，能夠鼓勵並支持專業成長與發展的誘因系統。誘因包括了加薪、改善福利、升遷、獎勵、公假、增加工作內容等等，都只是少數幾種誘因。重要的是，誘因系統必須搭配個人與集體的專業學習，學校與學區的目標與優先價值，學生與社群的需求，以及各式各樣校內與校外的獎勵贊助等制度，以構成完善的配套系統。許多在美國不同學區所做的實驗方案，紛紛說明了學區使用不同方式來將誘因系統與專業學習作連結的努力。[10]

破除阻力與不利於學習的誘因，則是另外一項可以支持專業學習環境之發展的結構性行動。建商在鋪設地基之前，都會先移除建地上的零碎物與障礙物。在學校，「整地」這動作可能包括了刪除任何會阻礙專業學習的例行工作項目、改變工會契約所使用的文字、透過同儕指導及對新進教師的指導以提供形成性評量，並藉此提供回饋；此外，還要改變決策過程與資源配置的結構，以便支持專業發展。在進行專業學習的奠基工作時，若有任何阻礙，員工發展的設計者也必須予以排除。最後，要使用一套能夠持續監控學習過程與成效的回饋評估系統，也是非常重要的。

（三）創造學習文化

Rosenholtz在一項有關成功學校的研究中，描述了兩類型的

學校——受打擊的學校（struck schools）和欣欣向榮的學校（thriving schools）。[11] 兩者之間的差別在於是否有一系列的文化面向在支持著（或是破壞）學校內健全且積極正面的學習環境。文化，常常被定義為組織內的行為模式，包括了價值、規範，以及能夠表現組織精神的實踐作為。[12] 欣欣向榮的專業學習共同體表現出來的文化，顯示出學習是該組織的主要價值與推動力。一個以學習為重的共同體，一定會透過符號、典禮、儀式，以及傳統的方式，展現出他們對專業學習與專業實務之價值的重視。舉例來說，在一個重視學習的共同體中，學習者與學習的成果都同樣會受到**表揚**，不管是在頒獎典禮上，成果展示會場，或是公眾聚會的特殊場合中。他們也**肯定**並推崇學習者與學習成果，**展示**學習活動（行動研究的研討會、網絡，或是海報展示），**開發**能夠分享專業知識管理的**規範**，**支持**協作性探討與學習經驗，並且要去**降低**實務工作的私人成分（deprivatize practice）。[13]

專業表現的規範瀰漫著專業學習社群。知識與專業職能都是集體專業能力的一部分，並不屬於個人地位。教師、校長，以及其他員工透過協作性探討與學習、共同工作、參與反省性的對話、同儕團體的支持，以及相互督導等等方式，去除實務成效的私人層面的影響。由於教師及行政人員都經歷過專業學習的各種風險與獎勵，而且也歷經各種專業常規與實務的變革，因此每一項作法都替教師與行政人員提供專業的、心理的與個人的支持。

（四）開發政治支持

　　為了替專業發展的嶄新建築藍圖開發政治支持，必須具備政治敏感度與技巧。專業發展的嶄新建築藍圖勢必打破傳統的框架，並且要求在結構與例行作為上必須要有顯著的改變。因此，要匯集政治支援，就必須訴諸那些了解專業學習並且能夠解釋其重要性給其他人了解的學校領袖，包括學校委員會的委員、社區領袖、學生家長，以及其他利益關係人，他們可能有疑問或關切事項。專業發展的政治運作也包括了要競逐學校、學區，甚至學校外部的有限資源。唯有藉著明確的目標、與關鍵決策者建立關係，以及鍥而不捨的精神，才能替專業學習共同體創造並維持廣博而穩定的支持力量。學校的政治環境也包括了工會與協商的契約。地方學區委員會與教師工會已經就薪水與福利協商出雙方能夠接受的協議契約。最近這些時日，許多學校改革與改善的力量已經促使雙方重新檢視協議的內容，並特別注意到工時與工作環境的議題。儘管這些組織比較屬於地方性，而且能力也有限，包括共同委員會（joint commit-tees）、信託協議（trust agreements），甚至契約豁免條款（con-tract waivers）在內的方式，逐漸成為教師工會與地方學區委員會之間達成共識基礎的新機制，以便追求共同的利益與福祉，其中當然包括了專業發展。[14]

　　表 2.1「建地調查：評估行動的層面」提供一個現地調查

表，可以用來檢視這幾項促成穩固之專業發展基礎的行動層次
與類型，在你所服務的學校的環境中表現如何。特別是，這份
調查針對四個關鍵性層面都提出問題，協助你建立一個夠深、
夠廣、夠牢靠的專業發展基礎。

五 專業發展的定義

很多讀者可能很難了解專業發展的精確定義，我自己有時
候也很難弄清楚包括**專業發展**（professional development）、**持
續性專業教育**（continuing professional education）、**教職員發展**
（staff development）、**在職進修、人力資源發展**（human re-
source development）在內的這些詞彙之間到底有何差別。會有
這種含混不清的情況出現，我相信部分原因是由於這些詞彙常
常被拿來當做同義詞交替使用，鮮少顧及它們之間是否有任何
概念上或實務上的差異。舉例來說，在實務層面上，很難決定
教師的課後進修活動究竟應該算做訓練、在職訓練、員工發展，
或是組織維持。此外，用不同的詞彙來稱呼相同的活動，有什
麼差別嗎？有沒有可能讀一本書、聽一場演講、課堂觀察、進
行行動研究計畫，甚至定期寫反省工作日誌，都算是專業發展
的活動呢？

為了讓讀者更清楚了解我在這本書所論及的專業發展的精
確意義，我試著根據實證研究、個人經驗，以及學術文獻，擬

▼ 表 2.1　現地調查：評估行動的層面

以下幾個問題要了解的是，請你反省一下，貴校的專業發展，在不同層面的行動表現，是否能替貴校的專業發展奠定基礎。

個人行動

- 我用什麼方式證明我重視工作中的專業學習？
- 我的作為是否成為學生的表率？其他同事的表率？
- 我和同事討論我剛學到的新奇理念與事物的頻率有多高？
- 我是否對我自己的專業學習負責？

開創結構

- 我們用什麼樣的方式讓專業學習變成專業工作的重要部分？
- 我們有沒有替教師與員工創造足夠的時間，以便他們會談、討論，以及反省他們的學習經驗？
- 學校的硬體環境如何影響教師與行政人員的專業學習？
- 支持專業學習的誘因當中，哪幾項誘因最強而有力？
- 專業學習如果面臨阻礙，那麼阻礙究竟為何？我們要如何因應？

創造學習文化

- 來學校參觀的訪客要透過什麼方式才能了解專業學習是我們專業文化中非常重要的一環？
- 哪些符號、典禮與傳統是以表揚專業學習為目的？
- 如何與大家分享專業知識？
- 學校內哪些實務能夠支持與／或增強專業學習？
- 文化中有哪些不利層面會限制了專業學習？

政治行動

- 學校領袖透過哪種方式使公眾支持專業發展？
- 我們使用哪些機制來確保社區隨時得到有關學校專業發展相關議題的最新近況？
- 教師與行政人員有哪些機會可以告訴其他人有關專業發展的議題？
- 當地教師協會在專業發展的設計、輸送與成果評估方面，扮演什麼樣的角色？
- 學校專業人員與社區領袖之間，有什麼樣的合夥關係，來持續提供專業發展的機會？

定以下的定義：

專業發展意指能夠讓教育工作者在創造與反省能力的

鍛鍊過程中增強教學實務的各種學習機會。

這個定義裡頭包含了三個重要概念：**學習機會**、**鍛鍊創造**
與反省能力，以及**增強教學實務**（見圖2.3）。接下來我就更為
詳細地說明這三個概念在專業發展的定義中所扮演的角色。

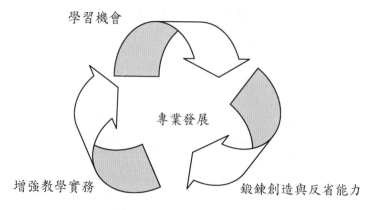

▲ 圖 2.3 定義專業發展

（一）學習機會

要決定某項活動究竟算不算是專業發展，最主要的標準之
一就是看看該活動是否涉及學習機會。儘管這個標準看起來這
麼明顯，卻常常被忽略，包括員工發展人員、教育行政人員、
教師，甚至如雨後春筍的教育諮詢師在內的專業人士，也都未
能正視這項原則。你不妨拿這個標準來檢驗你在貴校的經驗。

在你參與員工發展規劃會議的過程中，是否曾經發現下面幾個現象呢？

- 有位剛從專業研討會回來的教師，她在那裡聆聽一場激勵人心的演講，遂建議將該演講者納入明年春天的在職訓練安排時間表。

- 校長正在大學進修一門課，課堂上讀到一本精采好書，他決定替每一位老師購買一本。

- 一個企業經營團隊提議，在不花學校一毛錢的條件下，於明年開辦一系列的領導訓練研討會，邀請所有的教育行政人員與老師參加。

- 一群老師參加過一個名為「祕訣」（ropes）的訓練課程之後，建議明年開始，替每一位老師都安排一次為期一天的課程。

- 學校委員會規定所有的員工都需要受訓學習如何處理校園內發生的人質事件與槍擊案件。

　　每一個事件都有成為學校教師與校長重要的學習機會的潛力。然而，專業發展的規劃人員往往過於著重這些多樣活動的方便性與機會的面向，反而不能注意到，學習成果是否能夠和員工、學校，以及社群需要與優先價值相符這個明顯的問題。我們關於學習的知識，並不總是能夠應用在專業發展上。「構成正式教師專業發展典型取向的主要成分，與增進教師學習的

目標之間，往往不一致」[15]。有一個常常被假定但是很少講明的關鍵面向是，學習本身，而非學習活動，才是專業發展經驗的焦點所在。因此，學習機會並不僅僅是有趣的活動、特別活動，或是照表定時間參加在職訓練而已。專業學習的新設計必須落實在與學習有關的知識，特別是有關老師與校長如何學習的知識。目前有關學習的研究文獻都指出，學習環境的設計會影響專業學習的過程、知識的轉換，以及將知識應用在實務層面的成效。

（二）鍛鍊能力

專業學習給予教師和校長鍛鍊其創造與反省能力的機會，讓他們得以發揮最大潛能來改善教學實務。教育工作者的專業知識基底，基本上是條件性的。也就是說，教育工作者的專業知識不能夠被簡化成一組孤立的技能或是點狀的技術性知識。相反地，專業能力取決於如何應用知識與技能在具體的實務情境中。任何一位教師都會告訴你，同樣的數學習題，拿給某群學生可能很有效，但是拿給另外一群學生的成效可能就沒那麼好了。這並不是因為教師的知識與技能突然減弱了；而是因為教師在面對一個新環境與不同的學生群體時，必須針對新的需求來施展他的知識與講課技巧，全盤複製以前的教法是行不通的。

因此，任何學習情境中，教師與校長都期望能學習到講授

的內容或技巧，但是始終還是要著眼於如何能夠將這些知識應用在授課實務中。學習機會的設計，應該要顧及教師所具有那種反省、個人化，以及轉化新知識與技能以便用在個人不同的風格與每日授課內容的自然傾向。儘管決策者以及教育改革者花了很多心力要讓教學與學校領導方式更具科學性，教師與校長的工作依舊比較像是一門藝術，而非科學。作為實務工作者，他們「奮力調整與再調整，以便發展出常規行動，並建立模式，最後卻發現他們只不過是把曾經做過的事以一種新的方式形塑出來以適應新的需求或新的願景」。就像工匠一樣，他們的工作也是「雜亂無緒，相當個人化的工作，因為它所關切的是如何不斷創造與再創造同一個物件，直到他滿足創造者所設定的標準為止」[16]。

（三）增強教學實務

對教師與校長而言，專業發展的主要目的是要改善其教學實務。儘管看似明顯，我相信再次強調這一點是非常重要的。Schlecty 與 Whitford 提供了一個可以檢視專業發展活動的一般性架構。[17]他們認為，專業發展活動可以有三大功能。第一項功能是所謂**建置功能**（establishment function）——透過學校內實行新的方案、技術，或新的系統，增進組織的變革。第二項功能是所謂的**組織維持**（organizational maintenance）——強調恪遵組織規定的重要性，並且特別著眼於行政與組織目標的達成。

最後，還有第三項所謂的**強化功能**（enhancement function），也就是增強專業實務的功能。

儘管建置與維持的功能對學校而言很重要，強化功能——增強專業實務——才是我在本書所要關注的焦點。我這麼做，是基於以下幾個理由。首先，充分的證據都顯示，教師與校長的專業實務的品質，會影響到學生的學習。每一年我們都投資數十億美元在專業發展上，希望能夠提升教育同仁的知識與專業技巧。這項投資背後的理念是，因為我們相信改善所有學童教育成效的最佳手段就是提供學問淵博又技巧純熟的教育專業人才來擔任他們的教師。其次，我相信傳統的在職訓練會議與工作坊之所以得到這麼多負面評價，甚至出現抗拒、無聊，或是冷嘲熱諷的現象，都是源自一種無力感與被利用的反感。傳統教職員訓練的參與者之所以覺得無力感，是因為其他人替他們決定專業發展活動的內容與提供方式。參與者覺得被利用，因為花在活動上的資源都是為了組織運作之便或是依規定行事，等於剝奪他們的時間與金錢來成就主辦人自己的專業需要。將這種聽組織行政命令而參加的活動稱作專業發展，真是太虛偽了。等於是打個專業發展的名號，掩飾背後真正的動機。

我們再回到早先我提到要討論的一個議題。有沒有可能讀一本書、聽一場演講、觀察同事上課、進行一項行動研究計畫，甚至撰寫反省日誌，都可以算是專業發展活動呢？如果該活動能夠讓教育工作者藉著鍛鍊創造與反省能力的方式增強教學實

務的活動，那麼我們的答案就絕對是肯定的。如果這項條件沒有達成，我也不至於完全否定該項活動有其存在的正當理由。我只是不會將它稱做專業發展的活動。

 結論

　　專業學習的嶄新設計是否周全，取決於一個能夠提供穩定牢靠的基礎。就像硬體建築物的地基一般，專業發展的嶄新設計必須得到各種條件的支持：**深層的**、核心的價值，與專業學習的承諾；教育工作者的工作與專業成長（智識上、人際關係上、組織上，與職業上的成長）之間的互動必須獲得**廣泛的**支持；**牢靠的**特性必須透過四個層面的行動來確保，包括個人的行動、創造結構、開創學習文化，以及發展政治支持。這些要素都是專業發展的基礎，也是**促成教育工作者能夠發揮創造力與反省力，進而增強教學實務的學習機會**。

參觀網址

■ **www.ed.gov/inits/teachers/eisenhower/**

網路版的 Designing effective professional development: Lessons from the Eisenhower Program (1999)。

■ **www.nsdc.org**

National Staff Development Council Standards for Staff Development 首頁。

■ **www.ncrel.org/pd/**

本網址包括許多有用資源如下：Professional development: Learning from the best: A toolkit for schools and districts based on the National Awards Program for Model Professional Development。

進階閱讀書單

Hassel, E. (1999). *Professional development: Learning from the best*. Oak Brook, IL: North Central Regional Educational Laboratory.

Lieberman, A., & Miller, L. (1990). Revisiting the social realities of teaching. In A. Lieberman & L. Miller (Eds.), *Staff development for education in the 90s*. New York: Teachers College Press.

National Education Association, *Time strategies*. (1994). Washington, DC: Author.

Rosenholtz, S. (1989). *Teachers' workplace: The social organization of schools*. White Plains, NY: Longman.

附註 ▶▶

1. Thoreau, D. (1906). *The writing of Henry David Thoreau* (Vol. 2). Boston: Houghton Mifflin, 356.

2. 請參見 Professional development: Learning from the best. Retrieved July 1, 2002, from www.ncrel.org

3. 請參見 Designing effective professional development: Lessons from the Eisenhower Program (1999). Retrieved July 1, 2002, from www.ed.gov/inits/teachers/eisenhower/; National Staff Development Council Standards for Staff Development, retrieved July 1, 2002 from www.nsdc.org; Hawley, W. D., & Valli, L. (1999). The essentials of effective professional development: A new consensus. In L. Darling-Hammond & G. Sykes (Eds.), *Teaching as the learning profession: Handbook of policy and practice*. San Francisco: Jossey-Bass.

4. Easton, L. B. (2002). How the tuning protocol works. *Edu-

cational Leadership, 59(6), 28-30.

5. Postman, N. (1995). *The end of education: Redefining the value of school.* New York: Knopf, 18.

6. 請參見 Designing effective professional development: Lessons from the Eisenhower Program (1999). Retrieved July 1, 2002, from www.ed.gov/inits/teachers/eisenhower/

7. Schein, E. H. (1985). *Organizational culture and leadership.* San Francisco: Jossey-Bass.

8. Bredeson, P. V., & Scribner, J. P. (2000). *A state-wide professional development conference: Useful strategy for learning or inefficient use of resources?* Retrieved July 1, 2002, from http://epaa.asu.edu/epaa/v8n13.html

9. National Education Association. (1994). *Time strategies.* Washington, DC: Author.

10. Odden, A., & Kelley, C. (2001). *Paying teachers for what they know and do: New and smarter compensation strategies to improve schools* (2nd ed.). Thousand Oaks, CA: Corwin Press.

11. Rosenholtz, S. J. (1989). *Teachers' workplace: The social organization of schools.* White Plains, NY: Longman.

12. Deal, T., & Peterson, K. D. (1999). *Shaping school culture:*

The heart of leadership. San Francisco: Jossey-Bass.

13. Hassel, E. (1999). *Professional development: Learning from the best.* Oak Brook, IL: North Central Regional Educational Laboratory.

14. Bredeson, P. V. (2001). Negotiated learning: Union contracts and teacher professional development. Retrieved July 1, 2002, from http://epaa.asu.edu/epaa/v9n26.html

15. Bransford, J. D., Brown, A. L., & Cocking, R. C. (Eds.). (1999). *How people learn: Brain, mind, experience and school.* Washington, DC: National Academy Press.

16. Lieberman, A., & Miller, L. (1990). Revisiting the social realities of teaching. In A. Lieberman & L. Miller (Eds.), *Staff development for education in the '90s.* New York: Teachers College Press, 95.

17. Schlecty, P. C., & Whitford, B. L. (1983). The organizational context of school systems and the functions of staff development. In G. A. Griffin (Ed.), *Staff development: 82nd yearbook for the NSSE* (pp. 62-91). Chicago: University of Chicago Press.

CHAPTER 3

打造專業學習共同體

一個真正的共同體要能夠成長茁壯，就必須吸納所有
的成員，提供他們充足的空間，讓他們能夠以各自的
成長模式盡可能地發展他們的潛能。[1]

一　導論

美國的碼頭工人哲學家 Eric Hoffer 頗能掌握專業學習共同
體的精髓。「在劇烈變動的時期，繼承這片土地的是學習者。
飽學之士往往發現他們準備妥當要面對的卻是一個已經不存在
的世界」[2]。本章要探討的是學校學習的重要性。儘管大多數的
教育工作者顯然都肯定學校學習的重要性，我們的經驗卻顯示，
很多時候學校似乎只關心教學，而不關心學習，只關心管教，
而不關心發展，只關心競爭，而不關心共同體，只關心方案，
而不關心專業發展。我們將特別集中探討各種能夠替學校內的
所有人——包括學生與教職員在內——提供有效學習的支持環
境與支持條件。專業發展的嶄新建築藍圖著重的是替教育工作
者創造學習空間。然而，這些空間並非各自獨立、自成一格的
孤島；它們毋寧說是能夠支持個人的成長、襄助協作性學習，
並且打造集體能力的學習空間。本章將從簡短的文獻回顧開始，

了解一下專業學習共同體這個詞彙,點出該詞彙所具備的三個相互依存的面向。接下來,我將借助於學習共同體(learning communities)與組織學習(organizational learning)這兩大類型的學術著作成果,指出這些研究成果之間的共同特徵,並且說明有哪些工具可以協助學校打造專業學習共同體。本章結論中,我將討論一下「甩掉舊學習的組織」(unlearning organization)。儘管我相信讀者將會認為這部分的討論與前兩節的討論有相互牴觸的嫌疑,我還是要主張,放下所學,甩掉舊包袱(有組織的放棄)的過程對創造一個專業學習共同體而言,是非常關鍵的階段。

二 專業學習共同體是什麼?

學校內專業學習共同體(professional learning community)的概念,在教育改革與學校改善趨勢的推波助瀾之下,已經如同野火燎原般襲捲了整個教育界。數十位學者與教育從業人員都使用共同體的隱喻來描述專業學習、學生成就,以及學校改善之間的關連。文獻中充斥著許許多多有關專業學習共同體這個概念的不同詮釋、描述與定義。以下就舉幾位著名學者的講法為例。

● Coral Mitchell 與 Larry Sackney:「一個學習共同體包括了一群積極主動的成員,它們透過反省性、協作性與學習導向的

方式，以增進成長為目的，來面對教學與學習的未解之謎與問題」[3]。

- Roland Barth：「所有的老師與教育行政人員都能夠學習。我相信這些話將會得到實現，一旦我們成功地把學校轉型為一個學習者的共同體，一個不斷調適、實驗創新與研究發明的文化」[4]。

- Michelle Collay、Diane Dunlap、Walter Enloe、George W. Gagnon Jr.：「學習圈意指包括老師與為了在學習過程中相互扶持而相聚的學習者所構成的小型共同體」[5]。

- Thomas J. Sergiovanni：「共同約定而組成的共同體（a covenantal community），意指能夠共同分享目的、價值與信念，能夠感受到強烈的屬地感，並且認為團體的福祉比個人的福祉來得重要的一群人」[6]。

- Ernest Boyer：「當學校成為具有目的的場所、一個溝通的場所、一個公正的場所、一個講規矩的場所、一個相互關懷的場所，以及一個著名的場所時，學校就算是一個**學習共同體**」[7]。

- Peter Senge：「專業學習共同體是一個能夠持續擴張其能力，以便適應新環境、創造新結構與新過程，使其成員與組織得以進一步提升表現水準的共同體」[8]。

從這些簡單的摘錄定義中，我們可以清楚了解到，每位學

者口中的專業發展共同體的概念都不盡相同。不論某個觀點是要突顯價值與文化、關係、行動、目的,或是組織結構與過程的面向,都有助於我們了解專業學習共同體的整體全貌的重要面向。舉例而言,Mitchell 與 Sackney 的定義是藉由教學與學習的脈絡,來描述教育從業人員如何透過協作與反省的方式,來面對日常例行工作的挑戰。Barth 的定義強調,學習共同體的文化面向,應該得到創造性、反覆實驗精神,以及調適性等強有力的規範所支配。Colley、Dunlap、Enloe 與 Gagnon 把學習共同體看成一個個環環相扣的學習圈,由學校與其他組織的個人所組成的小團體,目的是為了支持個人與集體的學習活動。Sergiovanni 則主張,共同體是個體之間透過互動過程而開創的一個具有共享目的與專業意義的神聖使命。Boyer 藉著場所這個概念——包括了硬體的、情感上的以及心理上的場所——來描述專業學習共同體這個概念,一個具有共享的使命感、目的、歷史與互助合作的場所。Senge 則強調不斷地擴充個人、集體與學校能力的重要性,不管是知識、技能或是表現能力方面。當教師與教育行政人員為了因應新的挑戰,必須創造出能夠增強學校學習與工作實務的結構與目的時,專業與學校能力的擴充就顯得更加重要。

對某些讀者而言,有關「專業學習共同體」的多樣且豐富的不同觀點,可能意味著大家對於這個概念缺乏共識。我倒是認為這些差異有助於我們更進一步釐清**專業**、**學習**、**共同體**等

詞彙的適當用法與意義。接下來我們就根據既有文獻來個別討論每個面向的意義。圖 3.1 代表著學校內專業學習的嶄新設計中，特別重要的三大相互依存的面向。

△ 圖 3.1　專業學習共同體

（一）專業：不只是證照

當我們使用**專業人士**這個字眼來描述教育工作者時，基本上我們所描繪的是個人根據他所具備的訓練、知識與技能而擁有的獨特特徵。州政府根據一組以專家知識與技能為基礎的專業能力獨特組合，核發執業許可執照給教育工作者，不僅允許他們能夠在該州執業，也藉此賦予他們一定的權利與義務。州政府希望學童與成人能夠獲得高品質的教育服務。專業證照則是一個能夠確保教育品質的機制，使受教育者免於遭受不良甚至錯誤教學實務之苦。

專業人士這個頭銜到底證明了什麼？一般而言，這意味著教育工作者——教師、諮商師或教育行政人員——曾經參與過相當長時間的訓練與準備過程，從而透過不同的方式證明他們已經獲得更進階的知識、技能與表現能力。訓練的內容包括了學習心理學、教學方法論、人類成長與發展的理解，以及本職學能的知識內容。專業教育工作者的工作，也受到一組以增進學生照顧與教養為目標的倫理標準所規範。他們的選擇，以及每天例行的教學活動，都必須以滿足學生在認知、社會、情感，以及發展方面的需要為依歸。倫理規範也要求教育工作者必須用更高的標準來處理教學實務，尊重孩童與家庭資訊的隱私性與機密性、社會正義，以及平等等議題。教師身為領有執照的合格專業人士，有義務定期檢討與自行監督他們自己的專業實務。專業人士的自我評估過程還包括了一項自動自發的義務，也就是必須不斷反省教學經驗，擴展個人處理實際狀態的本領，並發展出更為專業的專業職能的義務。專業發展之外，專業人士也有義務對組織的品質與改善作出貢獻。

專業主義（professionalism）的另外一個面向，是自主性，也就是說，日常例行作息與專業判斷得以免於干擾的一種相對自由。然而，如同我在下一段落要簡要描述的，有許多限制會減弱教育工作者的專業自主性。在法律、倫理與實務標準的範圍以內，專業的教育工作者依舊享有一定的相對自主性，能夠自由選擇合乎學生最佳利益的管理方式。基於高標準實務的承

諾，專業人士必須對學習與改善保持樂觀其成的開放態度。因
此，持續的反省個人的教學實務與教學成果，是專業人士必備
的標記。

專業表現的限制

　　如果我們把教育工作者的專業工作與包括醫生、會計師，
以及牙醫師在內的其他類型的專業工作相比，將會發現，教育
工作者的專業工作受到許多獨特的限制。首先，教師、教育行
政人員，以及學校，始終得承受來自州政府相當可觀的政治與
行政控制活動。在一個人口數目達 2 億 8,500 萬人的國家中，要
讓一個公共教育系統能夠運作，所需的行政管理人數，是任何
專業團體所難以企及的。1998 至 1999 年間，全美有 16,542 個
公立學校學區，共有將近 92,000 間學校，由 2,900,000 名老師來
服務 47,400,000 名學童。[9]因此，教育專業在控制雇用、訓練、
入職，以及教育從業人員持續的專業教育等方面，受到很大的
限制。最後，教學與學習的複雜性，也使得教育工作者很難根
據一套普遍同意的知識基礎，來指導專業實務。有很多研究報
告都支持成功的教育實務。然而，要散播這項研究，並且成功
地將該項知識基礎推廣落實在各地，卻是非常困難的。研究人
員與決策者在採納新知識與推展專業實務這個方面的努力，始
終感到束手無策。

（二）學習

能夠在未來有傑出表現的組織，也將是一個能夠成功地找到方法來激勵群眾的熱誠與能力，以便讓組織內上上下下**所有**成員都熱衷學習的組織。[10]

諷刺的是，儘管我們從研究中已經了解各種增進學生學習成效的因素與條件，一旦要應用在學校內的成年人身上時，我們卻常常忽略那些因素與條件。雖然學童的學習與學校內專業人員的學習之間有著重要的差異，人類認知的一般性原則應該是同樣適用於所有的學習者。所以，我們對於學習這件事到底知道些什麼內容呢？人類認知的原則究竟有多麼清楚地表現在學校內專業學習的設計、提供方式、內容與評估上呢？

相當多的研究報告都描繪了人類的學習過程，哪些條件是最適合學習的條件，以及既有知識如何對知識轉移與未來的學習產生貢獻。[11] 我從當代有關認知與學習的研究文獻當中挑選出一小部分樣本，摘要如下。在你閱讀的過程中，請你捫心自問：貴校的專業發展機會是如何反映出有效學習的原則？一個成功反映出這些原則的專業發展建築藍圖，一旦付諸實踐之後，將會是什麼樣的風貌？

認知的原則

· 不同類型的學習目標必須用不同的方式來教導。

· 有效的教育必須先了解學習者將哪些先前知識、信念、經驗與文化帶到學習機會中。

· 學習者最成功的時候，就是當他們了解他們自己的學習與思考方法。

· 所有新的學習都包括了轉移。先前的知識有助於或是有害於新資訊的了解。

· 所有學習的情境都具有獨特的文化與社會規範與期望，足以對學習與轉移產生影響。

· 學習者具有心理動力，會去花必要的時間學習複雜主題，並且解決他們覺得有趣的問題。

　　表 3.1 說明了這些原則以何種方式指引專業發展的嶄新建築結構的實際運作。

　　當然了，有關認知的知識，我們懂得比這六個概括性敘述所描述的還要多。這些發現以及其他發現都指引著教育人員的專業實務，以便設計出有助於學生學習及成功的最佳學習環境。我們有理由相信，這些有關人類認知的基本理解，將會成為學校內專業學習的設計基柱。

（三）共同體

　　近年來，有關共同體的概念與討論又重新獲得學術界的興趣。Robert Putnam 在〈獨自打保齡球：美國社會資本的衰竭〉

▼ 表 3.1　學習原則：對專業發展實務的意涵

學習原則	對專業發展的意涵
不同類型的學習目標必須用不同的方式來教導。	學習的結果在內容、提供方式、評估的設計過程之前就應該想清楚。
了解學習者所具備先前的知識、信念、經驗與文化。	持續評估學習者的需要與知識。
成功的學習者了解自己的學習方式與思考方法。	批判地反省與後設認知必須內建於學習活動中。
學習包括了轉移。	時間、資源以及人事，都必須提供給他們，便於其他使用者。
學習環境會影響學習結果與轉移。	專業學習在工作地點就地舉行，內建在工作崗位上。
具有適當動機的學習者會花必要的時間來學習或解決問題。	專業發展的實務以學習者的興趣與實務為基準。

（"Bowling Alone: America's Declining Social Capital"）一文中，說明了美國社會的鉅視結構性轉型，如何侵蝕了共同體的感受，從而危害了美國社會一向為人所著稱的、自由結社的集體能力。[12] 他主張，當代的美國正在見證社會行動與公民參與的衰退。他指出，許多傳統社會、民間，甚至兄弟會的組織，如家長教師協會（Parent Teacher Association, PTA）、女性投票聯盟、服務俱樂部，以及教堂等等組織，正面臨會員人數急速萎縮的現象。其他學者並不同意 Putnam 對於美國社會資本現狀的評估。他們認為公民參與並沒有衰退，只不過是因應當代社會的現實狀況而變成更加多樣化，而且結構較為鬆散的組織形式。不論這些公民參與的轉變該如何詮釋，雙方都同意，共同體的

發展與精神是任何組織或社會要能夠健全發展與長期成功，所不可或缺的一環。

1. 有關共同體的各種概念

　　共同體這個概念意指許多不同類型的社會連結。有些共同體是根據人與人之間的關係而定，例如家庭與兄弟會。有些是基於地域——鄰里與村落——的組織，所有共同生活在同一個地域的個人共同發展出一套身分認定感。共同體的身分認定感也可能源自於共享的理念、價值與目標，就像某些動員志工到窮困落後的地區協助改善住宅環境的人力募集運動。Etienne Wenger 則提出另外一種了解共同體的觀點。他主張：「投入社會實踐活動是我們習得並成為我們的身分認定的基本過程」[13]。就在人們長期透過正式與非正式的互動管道，相互協調並創造意義時，他們也形成了不同的共同體，以及屬於他們自己的身分認定。

2. 學校作為共同體

　　從很多方面來看，這幾類共同體都出現在學校內。然而，並不是只因為學生、教師與教育行政人員一起在同一個地方工作，共同遵照同一套行程表，就可以自動形成一個專業學習共同體。本章一開始曾經提過，Ernest Boyer 提醒我們，要形塑一個真正的學校共同體所必須具備的要件。「為了成為一個真正的共同體，該組織必須根據人群來組成，……真正的重點是學校的文化、共享的願景、人與人彼此關聯的方式……簡單說，

當學校成為具有目的的場所、一個溝通的場所、一個公正的場所、一個講規矩的場所、一個相互關懷的場所,以及一個著名的場所時,學校就算是一個學習共同體」[14]。

John Gardner 有關**回應性共同體**(responsive community)的理論則提供我們另外一個將學校理解成專業共同體的架構。[15] 圖 3.2 表現出回應性共同體的五大要素。

➤ 能接納多樣性的整體性。

➤ 堅強的核心價值。

➤ 相互信任與關懷。

➤ 團隊工作與參與感。

➤ 肯定的態度。

🔺 圖 3.2　回應性共同體的要素

三　威力強大的組合:專業—學習—共同體

　將專業表現、學習原則以及共同體的屬性,三方面的規範匯集起來之後,會產生什麼樣的意義呢?對學校的意義何在呢?

對那些學校的專業發展的建築藍圖會產生什麼影響呢？圖 3.3 呈
現了其中兩個可能性，將是學校發展為專業學習共同體之後，
可能採取的形式。三個面向之間彼此重疊的程度很直接地說明
了一個專業學習共同體（PLC）的屬性相互滲透的程度與深度。
該圖左邊的圖示代表著一個專業學習共同體存在於組織內的某
些成分。范式圖（Venn agram）中三個相互重疊圓圈的大小差
別，代表著一個專業學習共同體的屬性相互滲透的深度與強度。
左邊圖示的重疊區域比較小，代表著該專業學習共同體的屬性
依舊只是該組織文化的邊陲部分而已。相較之下，右邊圖示中
的圓圈比較大，圓圈之間重疊的區域也比較大，代表著專業、
學習以及共同體，這三大面向的威力已經強大到足以左右該組
織的文化內容。專業發展設計師與執行者的任務之一，就是將

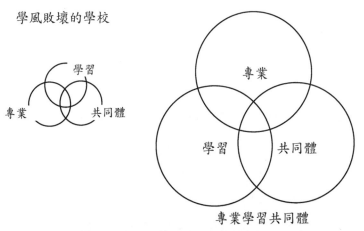

圖 3.3　專業學習共同體的兩個對比圖像

這三大面向匯集在一起。好消息是，我們有很多優秀的成功個案能夠說明教育執行者如何在學校內創造專業學習共同體。

回應性學校共同體的方塊

讓我們想像一個能夠在每日例行工作中真正表現出這些要素的回應性學校共同體。透過營造對不同意見者的開放氣氛，尊重個體的身分認定，並且有效處理衝突，這將會是一個能吸納多樣性的整體。學校的組織願景、目的以及實務，都是根據堅強的核心價值。這些價值不斷地拿來和願景、目的與實務的結果作交互評估。在一個回應性學校共同體中，存在著強有力的社會規範，表現在對學童與學童的學習活動之上的信任、關懷、團隊合作，以及使命感。參與感的屬性意指學校的每位成員都感受到一種歸屬感，相信他們可以對整個學校共同體的成功作出貢獻。透過對共享承諾、道德目的與集體能力的肯定，進一步加強成員的歸屬感。

這並不是一個想像的學校！美國已經有成百上千的學校，能夠徹底落實這些理論層面的可能性；活生生地表現在共同體的例行活動中。

打造專業學習共同體的策略

Deborah Meier 是紐約市中央公園東區學校地方學區的前任主任，她相信學校領導人的主要角色是要在學校內打造一個合適的氣氛，以便在讓學生與員工培養出心智與道德習性，形塑一個成功的學校共同體並加以維持。所謂的心智習性與專業實務，包括教育工作者在面對教書與學習活動中不確定性與含混

不明事態時，具有恰當處理的能力，並養成能夠根據有限的知識作出有自信的行動的能力。作為專業人士，教師與校長也必須對教育實務的新理念、新觀點與改善的可能性，抱持開放的胸襟，即使這些新理念可能要求適當的改變，也是如此。Meier也相信，堅強的專業共同體要求個人必須具備能夠替他人設身處地著想的自然傾向。[16]

　　研究人員與組織發展專家也建議一些能夠讓教育工作者創造專業發展共同體的可行策略。[17]設計並維持一個專業學習共同體，是一項艱難的工作，負責人必須具備清楚且明確的使命，以便作為打造並長期維持該共同體所需的熱情、奉獻與能量的意義及認同基礎。專業學習共同體也必須具備前後一致的教學方案，並且得到專業發展、堅強的專業文化以及決策結構的支持。再加上家長的積極大力支持，這些學習共同體就能發展權責界定系統（systems of accountability），特別是以非正式的方式，將表現評量標準、評估策略，以及根據表現而決定的教學成果等面向，以有意義的方式關連起來。最後，領導統御也是任何專業學習共同體要能發展與成功的關鍵要素。成效卓著的領導人不僅了解，並且以頗具創造力的方式，使用組織內表現在離心力與向心力之間那種自然存在的張力。他們具備真正的企業進取精神，以協同合作的方式將焦點集中在教學與學習上，並且依舊以一致的手法處理管理過程中可能碰到的許多不確定障礙。這包括了諸如預算自主性、人事決定、學校統理、課程，

以及與其他網絡和組織之間的連結與支持在內的有利條件。[18]

　　學術著作中的兩大類型也有助於我們了解打造專業學習共同體的不同方式。第一類型的學術研究與**學習共同體**有關。第二類型則源自 Peter Senge 有關**組織學習**的大量研究成果。每一類型都提出在學校內打造專業學習共同體所需的批判技巧。

　　專業學習共同體是共同體成員在工作的動態過程中所創造出來的產物。「一個學習共同體包括了一群積極主動的成員，它們透過反省性、協作性與學習導向的方式，以增進成長為目的，來面對教學與學習的未解之謎與問題」[19]。舉例來說，Mitchell 與 Sackney 列舉了三項教育工作者必備的關鍵能力（技能），是在學校中打造真正的學習共同體所必須具備的要件。首先，教育工作者必須發展**個人能力**（personal capacity）。個人方面的能力包括了對個別專業知識與實務進行深度與批判性的解構與重建的能力。其次，**人際關係的能力**（interpersonal capacity），能夠增強同僚之間的關係，強化集體實踐的能力，藉以讓專業學習成為團體裡一項神聖的規範。第三，**組織能力**（organizational capacity）要求教育工作者所發展與建構的結構與系統，必須能夠支持並重視個人的學習，同時也必須增進集體的學習。個人、團體與組織這三方面的能力互為基礎，相輔相成。專業學習共同體能夠孕育並支持所有的學習者、教職員以及學生。Barth 使用一個類比關係來描述所有的學習者之間的共生關係，他說，教師與教育行政人員就像是飛機上的乘客。作為乘

客，他們會照例不斷地得到有關氧氣面罩的訊息，也就是說，當飛行過程中氧氣面罩掉下來的話，他們應該先自己把面罩戴上之後，才去幫助同行的小孩戴上氧氣面罩。同樣的情況也發生在學校內的學習活動。「校長由於過於關心預期的結果，迫切希望教師能夠有新的想法，但是校長他們自己卻不是眾所周知的、勤奮的學習者。教師巴不得學生能夠多多學習，但是他們卻鮮少讓學生知道他們多麼樂在學習活動。所有的教師與教育行政人員都可以學習。我相信有朝一日這些話將會成真，只要我們成功地將學校轉型成學習者的共同體，洋溢著具有適應性的文化，不斷地嘗試與創新。只有當學校成為一個成人發展的環境時，才會成為一個適合學生發展的學習環境」[20]。

Senge 有關組織學習的著作則提供我們另外一組用來打造專業學習共同體的強有力工具。這些工具以五個領域為基礎，我們必須學習並精通這五個理論與技術的領域，以便有效地應用在實務上。這五類領域分別是，**系統思考**（systems thinking）、**個人精進**（personal mastery）、**心智模型**（mental models）、**共享願景**（shared vision），以及**團隊學習**（team learning）。在此僅能扼要說明 Senge 的說明。

- **系統思考**意指針對個人部分與群體之間的關係背後、持續性類型與反覆出現的主題，所進行的深度理解。
- **個人精進**是不斷地釐清並深化個人的願景，集中能量，培養

耐性，客觀看待事務的一個領域。

● **心智模型**是各種根深蒂固的假設、通則，或甚至圖片或圖像，它們都影響著我們如何理解世界，並採取行動。

● **共享願景**包括了以多重方式揭示未來圖像的技巧，以增進真誠的集體承諾與熱誠，而不僅是順從。

● **團隊學習**是現代組織的基本學習單位，從對談開始，團隊成員必須有能力不受到先前基本假定的影響，而進入一種真正的思考與認識，並且都是一起行動。[21]

這五個領域能夠支持學校內包括個人層面、團體層面，以及組織層面在內的所有層面的積極學習。學習如何與何時使用這些工具，將可以讓教育工作者有機會打造一個能夠反應他們的目標、核心價值，與獨有特徵的專業學習共同體。

四 評估專業學習共同體的屬性

根據我們對於專業學習共同體的了解，以及教育工作者可以用來將學校轉型成更為道地的專業學習共同體的種種策略，重要的是，必須有工具來評估貴校體現一個專業學習共同體相關屬性的程度高低。有關如何測量專業學習共同體的屬性這方面的研究，最權威也最知名的學者是服務於西南教育發展實驗室（Southwest Educational Development Laboratory）的 Shirley Hord 所領導的研究小組。[22] 一份名為「學校專業教職員學習共

同體」（The School Professional Staff Learning Community）的調查表中，羅列十七項專業學習共同體的成功標準，作為評估項目，協助教師與校長來評估他們所服務的學校究竟滿足幾個項目。使用這項調查表，可以獲得相當有價值的自我評估資料，供作以專業學習共同體之發展為主旨的組織變遷的規劃之用。使用這些資料有助於回答下列問題。作為一個專業學習共同體，貴校的最強項目是什麼？哪方面需要改善？你對專業學習共同體的屬性的評估，和其他專業同事的評估相比較，有何差別？如果有差別，可能的原因何在？你將如何使用這些資訊來打造一個專業的學習共同體？評估工具提供員工一個以具體且容易理解的方式描述他們心目中的專業共同體。當個別的評比與例子都蒐集起來，作為協作討論的基礎之後，就能夠提供專業學習共同體在個人、團體與組織方面的概括圖像。評估過程中所產生的資訊，也能作為學校改善與規劃過程的指引。

甩掉舊學習的學校共同體

　　專業學習共同體的產生，伴隨著一個讓人困惑的弔詭局面。在成為一個真正的學習共同體的過程中，人們需要發展出一種甩掉舊學習（放棄所學）的能力，以系統性的方式過濾各種曾經學習到的結構、過程、規律、實踐以及思考方式，只要是不利於生產或是已經過時的舊學習，就通通放下，拋諸腦後。二十一世紀最成功的教育工作者將會是那種能夠協助組織發展出

甩掉舊學習之能力與策略性放棄所學的專家。雖然在討論如何
打造專業學習共同體的章節中提到組織甩掉舊學習之重要性，
似乎有相互牴觸之嫌，我們還是扼要說明組織甩掉舊學習這個
觀念。

園丁與園藝專家長久以來都知道，為了植物能夠健康地茁
壯成長，並提高產量，就必須要定時細心地進行滌除雜草的工
作。作為學習組織的學校，也和葡萄藤以及覆盆子樹叢一樣，
需要細心呵護，將那些對生產力已經沒有貢獻的枝葉與樹幹修
剪掉。這個原則看似淺顯，但是，在學校中落實甩掉舊學習的
工作，卻遠比在花園中去蕪存菁的修剪工作要來得更複雜也更
困難。讓我們再一次使用建築的隱喻；甩掉舊學習的過程，就
好比建築工地的整地工作。

所以，如果教育工作者沒有學會系統性放下所學、甩掉舊
學習的原則，會發生什麼後果？對個人與就專業上而言，代價
可能都是非常高的。舉例來說，教師跟行政人員很可能會浪費
精力與時間，未能達成目標，事倍功半，最後甚至在準備不夠
充分的局面之下就得去面對新的現實環境與新的挑戰。請你捫
心自問，過去五年來，是否曾經因為某些行為已經喪失意義，
而停止進行？想一想你所認識的人、學校，那些依舊受困於過
時的、無效率的，或是破壞性的思考模式、例行任務與工作的
囚徒。

大多數的組織變遷模型，包括如何成為一個學習性組織的

模型，主要都專注於增添新的結構與過程，以便處理主要問題與挑戰。較少為人知，也廣受忽略的一個問題則是，該如何在採納並適應新的觀點與達成目標的不同方式的過程中，同時也甩掉舊式的觀點與行事風格的包袱。組織與組織內部的人應該怎麼做，才能學習到，在透過組織學習而習得新工具與新任務的同時，也將思考模式、工作慣例，以及過時的結構與過程甩開？答案很簡單：他們必須有系統地甩掉舊學習或放棄他們目前有的與／或知道的東西，以便騰出空間來學習新的理念與新的作法，更有效地滿足他們的價值、目的與目標。然而，捨棄過時的目標與結構，並不意味著把根深蒂固的理想、價值與願景通通拋諸腦後。它的意義只不過是，要將不具生產力甚至會對組織學習與打造專業學習共同體的任務產生負面阻礙的因素，通通甩掉，拋諸腦後。

　　我和國內甚至國際多所學校的教師與教育行政人員一起合作時，特別喜歡使用教育的車庫前大拍賣（educational garage sale）的活動來協助個人與組織決定，哪些舊的理念、慣例、結構與架構已經不適合當前組織的需要了。想像一下，你正打算舉辦一次教育的車庫前大拍賣。你打算在車庫前面擺上哪些東西呢？你擺出來求售的物品，是否透露出你在貴校的專業學習與成長的內容呢？在使用車庫大拍賣的類比時，我們別忘了，很多東西始終都會遇到有興趣的買主。當我在工作坊進行這項討論活動時，參與者有關哪些物品要拋售，哪些值得繼續保存

的決定，總是會引發熱烈且豐富的專業反省與對談。這項活動也提供一個機會，在活動參與者之中打造共享的理解、意義以及（個人與集體的）專業認同感。

五　結　論

我在第一章描述了專業發展的嶄新建築藍圖的六大主題。現在起，你將開始了解每一個主題分別以獨特的方式表達並結合起來，創造一個能夠反映在地文化、目標與環境的專業學習共同體。因此，嶄新建築藍圖並不是要提供給你一個事先包裝好的、專業發展便利包——包含所有你可能需要的素材，組裝說明，以及建築模型的照片——相反地，專業發展的嶄新建築藍圖提供了多項原則、指引、工具以及實務上的楷模。因此，事先設計好的模型常常看起來與環境不相符，而且與學校的契合度不高，至於你的設計，卻是根據理論、研究與實務楷模的產品，將能夠以在地需要與優先順序為前提，完美實現你的專業學習共同體的願景。

參觀網址

■ **www.ncrel.org/sdrs/areas/issues/content/currclum/cu3lk22.htm**

North Central Regional Educational Laboratory, Professional Learning Community

■ **www.sedl.org/change/issues/issues61.html**

Southwest Educational Development Laboratory

Professional Learning Communities: What Are They and Why Are They Important?

■ **www.nesdec.org/index.html**

NESDEC（New England School Development Council）結合了以發展可行做法的學校與研究單位。最近期的研究領域包括：特殊計劃；專業學習共同體；環境掃瞄；與出版品。

■ **www.ethicaledge.com/learning_org.html**

Site includes the Ethics of Organizational Learning

■ **www.ascd.org/readingroom/books/wald00book.html**

Educators as learners: Creating a professional learning community in your school, Edited by Penelope, J. Wald and Michael S. Castleberry

■ **www.wcer.wisc.edu/step/documents/ola1/ola1.html**

Assessing knowledge construction in on-line learning communities, Sharon J. Derry and Lori Adams DuRussel

The Teacher Professional Development Institute employs Internet technology to support distributed professional learning communities.

■ **www.dcvoice.org/professionallearningcomm.html**

Professional Learning Communities at Bruce-Monroe Elementary School

進階閱讀書單

Boyer, E. (1995). *The basic school: A community of learners.* Princeton, NJ: Carnegie Foundation for the Advancement of Teaching.

Collay, M., Dunlap, D., Enloe, W., & Gagnon, G. W. Jr. (1998). *Learning circles: Creating conditions for professional development.* Thousand Oaks, CA: Corwin Press.

Kretzman, J. P., & McKnight, J. L. (1993). *Building communities from inside out: A path toward finding and mobilizing a community asset.* Chicago: ACTA Publications.

Louis, K. S., Kruse, S., & Associates. (1995). *Professionalism and community: Perspectives on reforming urban schools.* Thousand Oaks, CA: Corwin Press.

Sackney, L., & Mitchell, C. (2000). *Profound improvement: Building capacity for a learning community.* Lisse, Netherlands: Swets & Zeitlinger.

Sergiovanni, T. J. (1994). *Building community in schools.* San Francisco: Jossey-Bass.

Sergiovanni, T. J. (1996). *Leadership for the schoolhouse.* San Francisco: Jossey-Bass.

Wenger, E. (1998). *Communities of practice: Learning, meaning, and identity.* Cambridge, UK: Cambridge University Press.

附註

1. Kretzman, J. P., & McKnight, J. L. (1993). *Building communities from inside out: A path toward finding and mobilizing a community asset.* Chicago, IL: ACTA Publications.

2. Retrieved July 1, 2002, from www.freedomsnest.com/cgi-bin/qaq.cgi?subject=change&ref=hoferi

3. Mitchell, C., & Sackney, L. (2001). *Building capacity for a learning community.* Paper presented at the International Congress for School Effectiveness and Improvement in Toronto, Canada.

4. Barth, R. (1995). *Building a community of learners.* Oak Brook, IL: NCREL, 3.

5. Collay, M., Dunlap, D. Enloe, W., & Gagnon, G. W. Jr. (1998). *Learning circles: Creating conditions for professional development.* Thousand Oaks, CA: Corwin Press, 3.

6. Sergiovanni, T. J. (1996). *Leadership for the schoolhouse.* San Francisco: Jossey-Bass.

7. Boyer, E. (1995). *The basic school: A community of learners.* Princeton, NJ: Carnegie Foundation for the Advancement of Teaching.

8. Senge, P. (1990). *The fifth discipline: The art and practice of the learning organization.* New York: Currency Doubleday.

9. National Center for Education Statistics. (2000). *Characteristics of the 100 largest public elementary and secondary school districts in the United States: 1998-1999.* Washington, DC: Author. Retrieved July 1, 2002, from http://nces.ed.gov/pubs2001/100largest/highlights.html

10. Senge, P. M. (1990). *The fifth discipline.* New York: Currency Doubleday.

11. See, for example, Greeno, J. G., Collins, A. M., & Resnick, L. B. (1996). Cognition and learning. In D. Berliner & R. Clafee (Eds.), *Handbook of educational psychology.* NewYork: Simon & Schuster Macmillan; *How people learn: Brain, mind, experience, and school.* Retrieved July 1, 2002 from www.nap.edu

12. Putnam, R. (1995). Bowling alone: America's declining social capital. *Journal of Democracy, 6*(1), 65-78.

13. Wenger, E. (1998). *Communities of practice: Learning, meaning, and identity.* Cambridge, UK: Cambridge University Press.

14. Boyer, E. (1995). *The basic school: A community of learners.* Princeton, NJ: Carnegie Foundation for the Advancement of Teaching.

15. Gardner, J. (1995). Building a responsive community. In A. Etzioni (Ed.), *Rights and the common good: The communitarian perspective.* New York: St. Martin's Press.

16. Meier, D. (1995). How our schools could be. *Phi Delta Kappan, 76*(5), 369-373.

17. Wohlstetter, P., & Griffin, N. (1998). *Creating and sustaining learning communities: Early lessons from charter schools.* CPRE Occasional Paper. University of Pennsylvania: Consortium for Policy Research in Education.

18. Ibid.

19. Mitchell, C., & Sackney, L. (2001). *Building capacity for a learning community.* Paper presented at the International Congress for School Effectiveness and Improvement. Toronto, Canada.

20. Barth, R. (1995). *Building a community of learners.* Oak Brook, IL: NCREL, 3.

21. 有關這五門領域更為完整的說明，請參考：Senge, P. (1990). *The fifth discipline: The art and practice of the learning or*

ganization. New York: Currency Doubleday. Senge, P., Kleiner, A., Roberts, C., Ross, R. D., & Smith, B. J. (1999). *The fifth discipline fieldbook.* New York: Doubleday. Senge, P., Kleiner, A., Roberts, C., Ross, R. D., & Smith, B. J. (1999). *The dance of change.* New York: Doubleday.

22.有關專業學習共同體（PLC）調查的說明，請參考：Hord, S. M. (1997). Austin, TX: Southwest Educational Development Laboratory; Hord, S. M. (1999). Assessing a school staff as a community of professional learners. *Issues About Change 7* (11); and retrieved July 1, 2002, from www.sedl.org/pubs/catalog/items/cha37.html

第二部分 ▶

在工作中與工作以外
創造學習空間

CHAPTER 4
專業發展「就是」工作

教職員發展是所有教育改革策略的核心——少了它，改革策略就僅僅是中看不重用的空想罷了。[1]

一　導論

　　教育實務界、研究學者以及決策當局開始有志一同地認為，透過各式各樣專業發展的機會，將時間與金錢投注在人力培育方面，將是教育改革與學校改善措施要能夠成功的關鍵因素。針對專業發展實務的成功案例所進行的研究報告顯示，對教師與校長而言，最有用的學習機會就是那些內置於每日例行工作中，並且和當地學校改善措施的脈絡與優先價值能夠相互結合的學習機會。[2] 學校內的教職員發展與教師和校長的在職訓練，已經存在將近數十年的光景了。然而，不管是提早下班或是表定整天的教職員發展方案，始終被當成忙碌的工作天以外的額外工作業務，或者更糟的情況是，甚至被看成教師與校長忙裡偷閒的輕鬆日子。我在本章要主張的是，專業發展的嶄新建築藍圖代表著一種專業學習與專業實務更寬廣的觀點。對教師與校長而言，專業發展也是正當的專業工作內容的一環；專業發展並不是忙裡偷閒那樣暫時不用工作。

二 延伸專業發展的概念

　　強調上面所提到的這個訊息，我相信是很重要的，因為從歷史的角度來看，專業發展的地位常常被貶低成所謂教育界的「拖油瓶」這種地位。某位知名學者針對教師專業發展提供了苛刻的評估：「教師專業發展的實際實施狀況在學者、決策者與教育界同仁之間可謂聲名狼藉，不僅教學法有瑕疵、經濟上缺乏效率，而且對教師毫無幫助」[3]。我們當然可以找得到很多理由來解釋為什麼傳統的學校內專業發展活動會遭致這麼多連串的問題。教職員發展以及在職訓練活動的設計與提供方式方面，多半是片片斷斷、支離破碎、而且前後不一致的。這些活動與教師和校長的每日例行工作需要與需求之間，往往欠缺直接密切的關係。有些時候，訓練的重心被侷限在重要的技術性能力，卻未能處理教室教學與學校領導方面所面臨的複雜議題和需求。其他為人所詬病的問題還包括，不管是就職之前的訓練準備階段，或是初次任職的社會化養成過程，都和專業學習毫無關連；未能注意到新手與專家之間的不同，致使她們在知識、需要與技能方面存在著發展方面的差異；普遍欠缺後續發展的資源與支持，因而無法持續地維持專業學習與專業成長的合適條件。[4]結果是，當預算緊縮時，在學校委員會成員與教育工作者的沉默噤聲的默許，教職員與專業發展的預算很容易成

為平衡年度預算書的下手目標。此外，設計不良以及成效不彰
的在職訓練和工作坊，也容易激發不信任的諷刺感，促使教育
工作者誤以為出席這些訓練活動的目的只是為了遷就組織的要
求，而不是為了他們的專業成長。

（一）重新思考專業發展：各州政府新的規定

　　作為一位專業人士意味著必須具備一種願意不斷增進自己
的學習與拓展自己專業知識與特殊技能的使命感。因此，教育
工作者專業工作的核心本質就是要不斷的學習，以便增強本職
學能與專業實務、對學生成就與組織改善作出貢獻。各州法規
對於教師與校長的證照審核有新的規定，針對學校的教師評鑑
過程也有新的設計，這些措施都增強了專業發展與專業實務的
重要性。[5] 舉例來說，在威斯康辛州，所有新進教師與校長，在
完成職前準備課程，滿足法規所制定的專業表現標準之後，得
就任新職，但是在任職的前五年，僅能取得一種為期五年、不
得更新的專業工作執照。除了這種以專業表現為基準的架構在
指引著發放專業執照的授證過程之外，專業執照的更新，也開
始有重大的轉變。在任職的前五年期間，所有的教師與校長都
必須設計與落實個人專業發展的規劃，並且取得正式文件來佐
證，據以作為執照更新審核的參考基準。新的規定也要求每位
領取執照的專業工作者必須和督導、當地的學校行政人員，以
及該州境內的學院和大學的教授合作。新的授證系統的設計理

念是為了摒棄那些徒具專業發展名號卻不具生產實效的學習活
動，像是進修一堆不相干的課程、修課順序沒有按部就班、不
注重課程是否和個人專業需要、學校改善目標，以及學生的學
習成果是否相關。除此之外，也必須出示正式文件來證明執照
更新的申請人已經根據個人的專業發展規劃，成功地加強了專
業知識與專業表現的能力，才能夠取得執照更新，甚至進一步
的升遷機會。

（二）專業發展與教師評鑑

　　學校內教師評鑑的過程也具有將教師學習與專業發展加以
轉型的潛能。形成性評鑑（formative evaluation）過程，例如
Charlotte Danielson 與 Thomas L. McGreal，以及 Allan A. Glat-
thorn 與 Linda E. Fox 等學者所設計的評鑑表，將持續性專業成
長與專業學習，和高品質的專業實務關連在一起。[6] 在確保專業
表現品質的同時，也能支持並提升個人成長，這樣的架構將會
給教育專業人士的傳統角色、關係與責任，帶來緊張關係。過
去新進教師那種單打獨鬥、各憑本事求生存的觀點，已經被介
於教師與校長之間、一套新的專業關係所取代。在一個強調成
長與改善勝於籠統的總結性（summative）評鑑結果的評鑑過程
中，督學們著重於學習與教學實務是否得到改善，而不是追求
完美。教師可以顯露出脆弱的那一面，可以在沒有任何後遺症
的條件下，開誠布公地檢討自己的限制、顧慮，甚至欠缺經驗

等等因素，對她們自己和學生與同僚之間的關係所產生的影響等等議題。打造新的專業關係，可以創造一個專業學習環境，而該學習環境的主要特徵，是以支持代替總結性績效評量，以鼓勵代替評量數字，以信任取代教師的嘗試與錯誤的摸索過程。

㊂ 學校內專業工作的性質與脈絡

我們已經有相當豐富的文獻在探討教學這項工作。相關文獻包括了：記載著偏遠鄉下袖珍學校教學實務的鮮活史料，Willard Waller 與 Dan Lortie 等等社會學家所進行的古典的社會學研究，[7] 以及記載詳實的俗民方法學描述研究。[8] 學校校長的工作也可以找到同樣豐富的文獻紀錄。這方面的知識主要包括了校長每天的例行工作，包含成百上千次的口語溝通與人際互動，它們都要求相當高程度的能量與多任務處理的能力；時常受到打擾；綜合了多樣、簡短，甚至常常是出其不意的各種任務的混合體；成就感主要來自於其他人（學生與教職員）的成功。[9]

這些研究工作，以及其他很多研究努力，都有助於我們理解專業發展在學校內日常專業工作脈絡之中的詳實紀錄——揭露出各種支持或阻礙成人學習，給執行者帶來緊張關係的兩難與矛盾情況，以及學校生活與工作的節奏與規律性。教師與校長在學校的日常工作的性質，會如何影響專業學習與成長呢？

學校內專業工作的特徵

社會學有關教師工作的文獻探討歸結出六大共通特性。接下來的討論將根據這六點來說明學校專業工作與專業發展的性質與脈絡。我所列舉的清單當然是經過挑選過的，我不打算宣稱它們足以代表學校內專業工作的所有特性。主要的共通特徵包括了：(1)教書與領導的不確定性；(2)個人隱私與個人主義的規範；(3)實務方面的吊詭；(4)心理酬賞的重要性；(5)個人化的專業實務，以及(6)「學校教育的形式規範」（the grammar of schooling）。[10] 每一項特性都對專業發展的設計、提供方式與結果構成重要的意涵。

教學與領導的不確定性。有關教師與校長工作的文獻當中，一項重要主題就是，他們的工作充斥著各種不確定性。學校內教學、學習與領導的複雜性質徹底顛覆了所謂專業知識基底（professional knowledge base）這樣的觀念，我們再也不能奢望有那種能夠提供簡易現成對策的專業知識基礎，足以解決包括缺乏求學動機、無故曠課、輟學、表現不佳在內的各種常見的教育問題。倒是有相當多的文獻顯示，好的專業實務必須具備的特質。我們對於教學與學習所知甚多。然而，一旦我們要把那方面的知識拿來應用在實務上，那些知識基底就像是條件式知識，必須視特定情況條件是否成立而定，因為專業知識基底所提供的，是一整列由各種可能性條件搭配而成的獨特專長，有助於教學與學習成效的策略，而非提供一個列舉解決實務問

題的正確解決方法的清單。有經驗的教育界同仁都知道，對某位同學或是某班學生有用的內容，並不見得在未來也必定會得到相同的成效。因此，即使大多數學問淵博且經驗豐富的教育界同仁，在面對意料之外的條件與結果時，也願意隨時做調整，使用不同的方法，而不是一味死守舊方法。

因此，教師與校長傾向於仰賴他們個人與集體的經驗，而非研究發現，來指引他們的作法。因為學校內專業工作的快速步伐與充滿挑戰性的面向，使得教師與校長較偏好立即可以付諸實踐的資訊與理念——那種容易接受修正，並且適用於個人的教學與領導風格的資訊與理念。[11] 教育工作者都是根深蒂固的「修修補補者」（tinkerers），喜歡按照個人需求去修改理念與方法，以便應用在他們自己的偏好、常規、環境，以及學生的需要。舉例來說，假設有一個高中英語教師的部門，他們都非常願意執行最新修改的、根據標準而設計的課程。儘管新的課程中帶入協作性思考與工作，在資深教師手中，它們依舊只是個教學上的參考指引而已。根據學生手冊上有關課程內容的描述建議，反正高二英文就高二英文，不管誰來教都一樣。但是，有經驗的教育同仁知道教學的含混之處就在於它混雜了多樣的學生需要以及教師專業能力與經驗，他們也知道，教師與學生之間的動態互動過程將會導致更豐富與廣博的高二英文的學習活動與經驗。這並非課程或是組織結構的缺陷。這只是教學與學習的真實風貌的其中一環。

個人隱私與個人主義的規範。儘管很多著名的例子似乎顯示，教師與校長正聯手打造一個協力合作的工作環境，[12] 有關個人隱私與個人主義的強大規範依舊是學校內專業工作的主要特徵。部分的理由是因為，這些規範是從單一教室的學校那個年代所流傳下來的傳統，在那個年代，教師的工作是與旁人隔離開的，因此他們得學習獨樹一格，並且發展出深具個人特色的教學風格。儘管教師現在仍然在同樣的建築物中上課，很多實際上比鄰工作的教師與校長仍舊在一個自成一格的教室和辦公室中，維持他們的專業與心理隱私空間。顯然地，這些規範因學校的不同，或是學校層級的差異——從小學到中學——會產生程度上的差異。重要的是，我們必須了解，個人隱私與個人主義的規範究竟是透過哪些方式來影響專業發展的機會。因為工作環境是專業學習的重要且豐富的場域，因此，個人隱私與個人主義的規範將會限制了學校內成長與發展的機會。舉例而言，它們會讓想要有系統地分享專業知識的教師與校長感到挫折；不利於共同合作與學習；阻撓協作性研究的進行；無法提升團隊學習；也無助於根據共享的目的與目標來設計組織改善措施。

實務方面的吊詭。教師與校長工作的另外一項特色就是，專業工作的緊張關係與不確定所導致的一些基本矛盾。舉例來說，每位教師與校長都知道，任何一位學童都是獨一無二的個體，帶著不同的長處與經驗來到學校，具備個別的需要。然而，

因為教育工作者的工作對象通常是整群的學童，而非每次針對個別的學童，因此自然而然地會在滿足每位學童的獨特需要，以及能夠同時讓一班二十五至三十位活潑好動的學生能夠同時參與的課堂活動之間，產生一定的緊張關係。面對整群的學生，需要的是各種控制機制（組織結構、規矩、懲罰規定），來協助教育界同仁有效處理每天工作的真實風貌。

　　專業工作的另外一項弔詭則是發生在常規（routine）與更新（renewal）之間的關係。一方面，為了達成工作任務，教師與校長必須發展出一套相當精巧且慣例化的策略來處理教學與學習方面可能面臨的一系列複雜挑戰。然而，為了成功達成任務而必備的常規，可能也正是對專業成長與發展帶來侷限甚至阻礙的元兇。心智與行動的各種常規是如此根深蒂固地著落在專業工作中，以致於新的理念與新的方法即使更有前景，也不敵過去的常規所演變而成的頑固舊包袱。這個現象對專業發展與變遷的意涵是很明顯的。當他們在熟悉剛學的新知與技巧，正在培養適當的舒適感與控制力時，仍得需要相當顯著的時間、實務與支持來協助教師與校長甩掉舊包袱。

　　第三個可能影響教師與校長的矛盾力量，則是介於專業自主性與權責劃分措施之間的緊張關係。作為專業人士，教師與校長自然都具備高等的訓練、進階的知識與專業職能。他們也是基於這些方面的專業條件，才受聘來教導學生，以求學生的最大利益。然而，教育工作者的專業自主性卻受到績效責任的

重重限制,因為督學、當地學校委員會、各種不同的政策與政治機構,都會設計不同的方式來監督績效責任。問題並不在於教師與校長是不是應負起責任——他們當然應該負起責任!爭論的真正重點是,哪一種方式才是最合宜的判斷機制,來評鑑他們的表現,以及他們的表現對學生學習與發展方面的衝擊?專業自主性與績效責任之間的緊張關係的例子不可勝數,而當前各種討論與決策中,也充斥著有關學術標準、學生測驗與績效評鑑等等議題上。

自主性與權責之間的緊張關係,究竟透過哪些方式影響專業學習呢?首先,剛剛開始推廣的學術標準與學生測驗要求,儘管常常和地方學校的改善規劃與優先價值沒有關連,依舊很容易就耗盡專業發展與服從組織規定所需的資源(時間、人力與金錢)。因此,個人與當地專業發展的優先項目所能使用的資源就減少了。管理部門往往認為他們對個人的專業學習需求與優先價值有更深入的洞見,這個事實本身就是專業學習的主要障礙。決策者基於正當的利益考量,當然有立場要求編列的預算應該用在增強專業實務與學生學習成效。然而,即使是那樣的利益考量,也不應該無視於教師與校長的專業自主性,更不該剝奪教師與校長提升與加強教學實務的責任。國家教育改善基金會(National Foundation of the Improvement of Education)最近發布的一項名為《教師的學習自己做主》(*Teachers Take Charge of Their Learning*)的報告中,提出一套非常具有說服力

的理論基礎來說明為什麼教育工作者應該要自行承擔自己專業發展的控制權與責任。[13]

心理酬賞的重要性。由於教學與學習具有高度的個人化特質，教師與校長的主要酬賞與滿足乃是源自和學生與教職員的工作關係，並不足為奇。[14] 和莘莘學子共同學習，襄助他們的發展與成長，是吸引很多人踏入教育界並以教育為終身志業的主要因素之一。包括薪水、工作環境以及福利在內的外在報酬儘管也很重要，但是卻不是左右教育工作者的主要誘因。知道哪些因素能夠驅動教師與校長，能夠找出讓他們感到不滿意的根源，對於專業發展的規劃與落實非常重要。因此，專業發展的機會若是能夠將專業實務與學生和學生的學習成果關連起來，就更有可能可以激勵教育工作者投注更多的心力。目前的研究都顯示，最有效的專業發展以學生學習為焦點，並協助教師與校長檢視學生學習的理想成果與實際成果之間的差異；此外，還必須根據一套完整且全面的學生學習改善架構來針對學生學習結果的相關資料進行分析與詮釋。[15]

個人化的專業實務。為了解決複雜性、矛盾，以及政策之間相互糾纏的難題，教師與行政人員傾向於發展深具個人風格的工作樣式。而且，因為他們工作的酬賞是建立在他人的成功之上，也就是學生與教職員的成功，因此他們與他人建立起來的關係就是影響他們是否成功的主要因素。儘管教學與學校領導的工作中，有數個面向會讓他們必須仰賴既有的方案、合理

性，以及科技的使用，大多數的教育專業人員每日所仰賴的依舊是一套將知識、技能、價值、承諾，以及個人特質以創造性的方式組構而成的調和體。就像藝術家一樣，效能極高的教師與校長也試著結合經驗、知識與技巧，透過饒富想像力的方式，將個人能力與工作需求做比照以求吻合。對專業發展有何意涵呢？必須摒棄的是那種一招半式走天下的落伍觀念。就像所有的學習者一樣，教師與校長投入學習機會的同時，同時已經具備不同的經驗、先前知識，以及不同的需要。此外，新的理念與實務的變遷常常也會帶來認知方面的不和諧與衝突。專業人士需要時間、資源，以及支持網絡的協助，以便適應新的理念、技術及行為，進而將它們整合到每日例行的工作實務中。

學校教育的形式規範。[16]美國學校與學校教育的長期以來不變的特徵，也對專業發展產生深遠的影響。數十年來儘管經歷了各種教育改革措施，這些特徵依舊存在學校中，對教育的各個面向產生影響。舉例來說，今日學校的組織安排，依然是根據學童的年齡來分發到不同的年級。在高度都市化與郊區化的學區中，學校的行事曆依舊反應著十九世紀與二十世紀初期美國農業播種與收割的節奏感。很多這些特徵是如此盤根錯節地交織在我們對於學校教育的認知，以致於我們甚至不曾追問，為什麼它們現在依然存在。因為學校教育是每個人都經歷過的共同體驗，我們每一個人心中都有一個何謂**真正的**學校圖像。不管教育改革措施的設計有多麼精良，也不論這些措施針對特

定需要加以回應的程度有多強,任何想要在文化、過程與結構層面上帶來重大變革的教育改革,如果與我們心目中的那個學校教育圖像相違背,都會面臨強烈的抗拒。我指的是學校變遷的相對力量之間的緊張關係,以及它們作為構成**萬變不離其宗**(dynamic sameness)的形式規範:一方面,的確有壓力要求改變教育以便滿足新的社會現實,但是,任何改變都必須符合我們心目中那個**真正的**學校圖像。

　　學校教育的形式規範將同時影響學校內工作與專業發展的性質。要說明學校長久不衰的結構特性與專業工作與學習之間的關連,最好的方式或許是透過一些問題的提出。舉例來說,作為有經驗的教育工作者,你是否曾經觀察到高中、初中與小學教師在界定並實踐其工作的方式之間,有沒有任何差異?年級的差異可曾透過哪些方式影響教師與校長關於思考學生學習與成長的想法?關於課程內容與設計?關於教學方法?年級這個觀念可曾影響教師有關他們的專業學習與成長的思考?學校的年級區分組織方式會如何阻礙了專業學習共同體的形塑?

　　又例如,由不同高低年級的老師所組合成的團隊,要求他們解決課程或是整個學區所面臨的議題,也能讓我們觀察到學校教育的形式規範與專業工作和學習之間的關係。首先,小學老師、初中老師與高中老師之間的對話交流常常顯得不自然,有些老師甚至會懷疑他們究竟有什麼可以談的,畢竟他們的專業任務並不相同。然而,一旦團隊的成員開始描述他們的承諾、

熱忱，對內容、教學與學生的看法時，不同年級老師之間所存
在的那些結構性與文化性鴻溝就消失了，取而代之的是專業同
僚之間共同分享的新洞見與新理解。團隊工作與團隊學習代表
著一種能夠融貫共享的目的、增強相互承諾，並強化集體組織
能力的專業發展活動。

四　邁向專業發展的嶄新建築藍圖：三大轉移

大約十多年前，Susan Rosenholtz 將學校區分成兩大類：**學
風鼎盛的學校**（learning-enriched schools）指的是那些具有持續
專業學習、協作與創新等規範特徵的學校；**學風敗壞的學校**
（learning-impoverished schools）則是貧瘠且負面的工作場域，
侷限了教師的發展與學校的改善空間。[17] 要從學風敗壞轉變成學
風鼎盛的專業工作環境，必須在學校以及學校內專業工作的性
質方面，都先達到顯著的改變。

圖 4.1、4.2 與 4.3 說明了要邁向學校內專業發展的嶄新建築
藍圖所必須具備的三大轉移：概念轉移、結構轉移以及文化轉
移。為什麼需要這三大轉移呢？每個領域之內都需要劇烈的轉
移，以便將專業發展擺脫教育工作經驗的邊陲地位，也就是說，
那種排在忙碌的學校工作時程開始之前或是下課之後，或是在
學年當中隨時可能點綴一下的專業學習活動必須有所改變，專

傳統的專業發展		專業發展的嶄新建築藍圖
由	→	至
額外的、錦上添花的、教育界的拖油瓶	→	專業發展就是工作的核心要素
個別化的學習	→	協作式學習與成長
以活動為重心	→	和教學實務與學生學習有關連
工作時間之前、之後、以外	→	每天例行工作不可或缺的一環
強調外來的理念與專業技能	→	強調內部改善的能力
專注於個人的學習與變遷	→	專注於集體的專業能力與專業實務

▲ 圖 4.1　邁向專業發展的嶄新建築藍圖：概念轉移

業發展必須擺在日常專業工作與專業責任的核心地位。首先是**概念轉移**，教育工作者與教育相關人士思考專業發展及其和學校內教學與學習的關連時，所採取的思考方式，必須經歷重大的轉變。其次是發生在學校與社區內的**結構轉移**，藉著增強資源與組織結構的創造性使用，來重新設計組織結構與過程，以利學校內一個真正的專業學習共同體的形塑與維持。最後是所謂的**文化轉移**，因為在揭露了專業學習共同體的本質之後，在價值、規範與實務方面產生的主要變遷，必須反映文化方面的轉移上。每個圖中，左邊欄列出傳統的，甚至是學風敗壞的學校中，各種可能將工作等同於專業發展的機會構成限制的條件與因素。右邊欄則代表了專業學習共同體的特徵以及支持專業學習共同體的各種條件。

（一）概念轉移

教育工作者、學生家長以及決策者在進行思考與談論專業發展的方式，透露很多關於一個社區當中專業學習的地位與本質的相關訊息。我使用一篇最近報紙的社論來說明這點。[18] 在文章中，當地報紙的編輯針對是否應該由地方學區或是州立法機關來決定開學日期的議題，採取特定的立場。他們的立場陳述夾雜一些負面語言，透露出他們對於教育專業發展的重要性抱持著真正的不滿意見。「然而，還是有那些惱人的半天課程：在蒙諾納（Monona）學區就有十一天。這些原本是教師接受在職訓練的好時間，或是教課之餘可以來準備給家長的學校與學區報告書的時間」。在這些記者們眼中，提供專業發展的機會是一個「惱人的」問題，而且只是「授課之餘」的活動，教師可以花點時間做一些看似不重要的工作──評估學生的學習成效。不幸的是，這類語言，以及背後的思考模式，並不罕見。它們代表著舊式刻板印象，以及學風敗壞的傳統學校與社區特有的艱困條件。

圖 4.1 列出傳統學校與具備專業學習共同體的學校之間，六項顯著的差異。在學風鼎盛的學校社群中，專業學習與專業成長是：

- 工作的核心要素，而非邊陲任務或是「真正的工作」以外輕鬆的時間。

- 具有共享目的的協作性工作，而非孤立完成的活動。

- 能夠逐步適當的發展出來，而且與學生－學校－教師之間的優先價值有關連，而非支離破碎毫無關連的事件。

- 內置於每日例行工作之中，而非工作之外的活動。

- 集中在從學校內部形塑出來的專業知識與能力形塑，而不是僅僅依靠來自學校以外的理念與模式。

- 專注於集體專業知識與能力的強化，而不只是個人的學習。

這些概念轉移的強度與規模，在不同的學校與學區之間，必然會有顯著的差異。一所學校能夠滿足右邊欄的特徵的數目，則代表著該校是否正朝著成為專業學習共同體的方向大步前進的指標。

（二）結構轉移

專業發展的嶄新建築藍圖也透露出許多不同於傳統學校的結構差異。至少有七項關鍵領域中，組織結構與過程的變遷，有助於帶領學校轉向發展成為專業學習共同體的過程（見圖4.2）。首先，專業學習共同體中，專業發展的設計與提供，是一個連續性過程，並且與學生學習和組織改善目標完全吻合。專業發展並不是支離破碎，也不是前後不連貫的活動。第二，專業發展應該摒棄過去那種從官僚層級頂端往下交辦的教職員發展計畫與事件，相反地，教師與校長應該承擔起自己訓練與

由→至

學風敗壞的學校　　　　　　　　　學風鼎盛的學校

支離破碎、各自孤立的專
業學習活動
➡
顧及專業需求、學校目標，以
及學生學習成效

由上而下，外部監控
➡
教育工作者對自己的學習負責

支持學習的資源不充分
➡
將時間、金錢、物資與人力作
最佳調配，來支持專業學習

專注於狹隘的技巧與行為
➡
著重個人與專業的整體性成長

個人方面的酬賞／機會
➡
和個人、學校以及學生需要相
關連的系統方面的酬賞

合約、時間以及學校的行
事曆，都是談判籌碼
➡
合約、時間與學校行事曆，都
是專業改善的共同資源

有限的學習機會
➡
具有彈性、開放性、友善的學
習環境

🔺 圖 4.2　邁向專業發展的嶄新建築藍圖：結構轉移

成長的控制責任。在專業學習共同體中，有關專業發展之內容、
提供、資源以及評估的決定，都是由那些最接近也最受這些決
定所影響的人來決定的，也就是由教師和校長來做決定。第三，
學風敗壞的學校環境必須面對資源不足，斷斷續續的窘狀，相
反地，專業學習共同體應當提供充足的學習時間、反省時間以
及諮詢時間。在物資、資源，以及有心、有能力、也有時間提

供專業成長支援的人力之間，存在一個最合適的調和體。第四，教師評鑑的重點是成長、持續不斷的學習，以及改善教學實務，而不是根據偶一為之、內容狹隘、針對事先定義好的教學行為而下的籠統評分結果。第五，系統與個人的酬賞與誘因，將專業學習與學校目標和優先價值關連起來，而不只是關連到個別教師的需要而已。第六，教師合約與學校的行事曆應該是教師、學校行政人員、學校委員會，以及地方社區之間，根據共享的目標與專業責任，而共同擬定的產物。教職員發展的時間並不是在一個教師與學校委員會之間，非贏即輸的惡劣協商環境中的談判籌碼。最後，學風鼎盛的學校中明顯可見的第七項結構轉移，就是社會與硬體方面的建築結構。專業學習的嶄新建築藍圖不應該把學習空間私己化，將專業人士與同僚之間區隔開來，而是要打造一個具有彈性、開放性、對協作式工作與學習相當友善的環境。

（三）文化轉移

如果你參觀一個已經建立起真正的專業學習共同體的學校，在你開始花時間在那裡之前，你就會開始注意到該校組織文化上的重要特徵——對於核心價值的表現、實務的規範，以及專業信念——這些都和傳統學校的組織文化截然不同。圖 4.3 說明了這些重要特徵：

由→至

學風敗壞的學校　　　　　　　　　學風鼎盛的學校

獨行俠式的學習者	→	同僚之間相互依賴
隱私規範很強，有關實務的對話淪於表面應付	→	透過對話取得相互信賴與尊重
以個人為中心	→	以學習共同體為中心
片段式、支離破碎的活動	→	連貫的學習機會
對成人學習者的注意極少，很少公開表達對專業學習的支持	→	透過慶典、符號及傳統，來突顯學習的價值
個人與專業方面的影響力低落	→	「事在人為」的積極態度，個人與專業方面影響力極高

🔺 **圖 4.3　邁向專業發展的嶄新建築藍圖：文化轉移**

- 同僚之間彼此依賴，分享知識，並且對改善抱持開放態度。

- 高程度的相互尊重與信任，使得有關實務方面的專業對話得以進行。

- 專注於建構集體專業技能與能力的學習。

- 特別強調持續性學習與改善的重要性。

- 對話、符號以及典禮場合中，都展露出他們對於學習價值的重視、肯定與慶賀。

● 建築在一種「事在人為」的精神之上，對於個人與專業能力
的影響力抱持高度的肯定。

　　以上所列舉的是學校文化的積極面向，它們所以顯得突出，
是因為它們和學風敗壞的學校環境所表現出來的特徵，截然不
同。後者常常被描述成「藏污納垢的萬惡淵藪」，導因於懦弱
的領導與官方的疏忽。「骯髒，年久失修的建築物根本就不是
適合學習與學童成長的理想環境。學校內，師資薄弱、設備簡
陋。教師與學生的學習士氣低落；如果情況掌控得了的話，往
往以訴諸恐懼為主要策略。教學方案非常傳統，重表面而輕內
涵，且往往未顧及學生的需求。這些學校的特色就是缺乏熱誠，
污穢貧困，毫無成效」[19]。貧瘠的學校學習環境會對學校內的每
一個人都造成負面的影響，特別是對學童的為害最深。可悲的
是，將近半個世紀之後，這種現象依舊存在。Jonathan Kozol 鮮
明地描繪了窮困學校環境對學童的衝擊。「絕望是五年級自然
科學課當天的進度。當我走進去時，孩童們正學著植物生物學，
但是卻沒有任何實驗器材。什麼都沒有。只有一個水槽，看似
堪用，卻閒置不用，木櫃裡還鎖著幾根試管，玻璃門後面也鎖
著一個人類骨骸。牆壁上空無一物，只有一張小心火燭的消防
標語。百葉窗已經殘破不堪。我唯一能找到的一本教科書《我
們世界的數學》（*Mathematics in Our World*），是早在 1973 年
由 Addison-Wesley 出版社所出版的。教師背後的牆上有一張元

素週期表，裡面找不到過去四十年來被發現的任何元素」[20]。

我想你已經掌握到我要表達的意思了。目前依舊存在著許多殘破的學校環境，在其中，專業實務既孤獨又簡陋；個人隱私的規範阻止有關專業實務與共享目的的公開且深入的對談；專業學習主要是個人的責任；過於強調表現與專業認證，忽略了集體學習；專業發展被當成一項活動，而不是專業工作的一部分；以及，諷刺的是，士氣渙散的教師只會提供「很好啊，可是」以及「行不通的理由」，而不是以一種積極正面的態度來回應新的學習機會與措施。要改變學風敗壞學校的這些負面的文化，是一項艱鉅的挑戰；儘管如此，卻是打造專業學習共同體所必須面對的基本課題。

五　對教育相關人士的意涵

專業發展「就是」工作，對於教師、教育行政人員，以及地方學區委員會，具有多項意涵。任何打造並維持一個成功且健全持久的學習共同體的嘗試，都必須要求每一群教育相關人士具備熱忱，並付出努力。對於那些致力於在學區中打造專業學習共同體的教師、教育行政人員，以及地方學區委員會，我在此提出一組挑戰。

（一）對教師的意涵

如果你是一名教師：

1. 下次有人說，或是建議，在職訓練與專業發展是教師輕鬆一下的時間，或是「休假日」這種更難聽的講法時，請站出來反駁！告訴他們，為什麼專業發展對你很重要。

2. 作為專業人員，你有責任對你的專業成長與教學實務的改善負起責任。不應該讓方便、績效與認證等因素決定你的專業學習。

3. 當你在規劃你的專業學習時，你應該能夠詳細說明並且出示文件證明你的專業發展活動與學生學習／學校目標之間的關連性。

4. 當你開始摒除私己化的教學實務以及專業學習時，你將同時面臨風險與報酬。

5. 打造一個學風鼎盛的學校文化，意味著放棄任何有關專業知識、實務、材料與空間的個人所有權的傾向。

6. 作為集體教學與學習共同體的成員之一，你需要發展出能夠針對學生學習與專業實務進行對話的能力。

7. 因為任何組織內的資源都是有限的，你將和你的同僚們一起發展出分配稀有資源來支持個人與團體的學習優先價值的分配標準與過程。

8. 最後，不管是就個人或是就集體層面而言，你都需要在各種

不同層面上評估專業發展，以便決定它的影響衝擊。

（二）對教育行政人員的意涵

學校領導者對專業發展產生深遠的影響。以下幾點是專業
發展的嶄新建築藍圖對學校行政人員的意涵。

學校領導者應該：

- 避免成為阻礙教師專業發展前進的守門員。校長與其他行政
  人員需要協助教師闡述他們的專業學習與實務改善，並督促
  他們自己承擔起這項責任。

- 不管在校內或是校外，作為專業發展的積極支持者。

- 讓專業發展成為教師評鑑的核心要素之一。

- 和教師、學校委員會成員，以及其他行政人員通力合作，開
  發一套用來配置專業發展所需之資源的分配標準、結構與過
  程。

- 避免強制挪用那些已經排定作為專業發展之用的時間與資源，
  只為了達成行政工作或是組織維持方面的活動。

- 為了以身體力行的方式證實專業學習與高品質專業實務的重
  要性，請務必以身作則，參與並支持學習機會，肯定學校內
  專業發展的重要性，做個學習楷模。

- 提供適當與充分的資源（時間、金錢、人力與物資），來支
  持專業學習與教學實務的改善。

- 使用創造性的緊張關係來挑戰、激勵同僚，促使其強化反省能力，並深化他們對於高品質專業實務的使命感。
- 提供支持──專業能力、心理上與情感上的安撫──來協助處理某些挑戰、不愉快，甚至不和諧處境的過程，這些往往伴隨著新的學習活動、策略性的拋棄舊學習，以及教學實務方面的調整。

（三）對學校管理委員會的意涵

　　學校管理委員會的成員是介於地方社區與學區內專業教職員之間的正式溝通橋樑。他們對教師與行政人員專業發展的理解與支持，是維繫學區內高品質專業熱忱與專業實務，並滿足學區整體教育目標的關鍵力量。學校管理委員會的委員需要：

- 讓專業發展成為受雇教職員的形成性評鑑與總結性評鑑的核心要素之一。
- 當預算刪減是必要時，請務必抗拒將專業發展的資源當成容易刪除的軟柿子的誘惑。
- 提供足夠的資源來支持學風鼎盛的學校學習共同體。
- 評估專業發展的活動、投資以及成果。
- 在地方政策與公共論壇中，闡述高品質專業發展對於學校／學區教育目標的重要性。
- 願意實驗包括時間、行事曆、合約用字以及組織過程這些方

面的結構，以便創造出最適合學區「內」、學區「中」與學區「外」的專業學習條件與機會。

- 肯定、獎勵，並表揚教師、教育行政同仁、學生、學校及社區的專業學習與專業學習的成果。
- 將專業發展納為策略性規劃過程中的基本要素。

六 結論

專業發展「就是」工作，這是專業發展的嶄新建築藍圖的重要特徵之一。將專業發展從專業工作的邊陲地帶移轉到核心地帶，必須搭配重大的轉移過程——概念轉移、結構轉移，以及學校專業學習文化的轉移。對於那些攜手打造教育專業發展的嶄新建築藍圖的教師、學校行政人員，以及學校教育委員會委員而言，專業發展就是工作，這項理念，意味著沉重的挑戰與迎向光明前途的機會。

參觀網址

■ **www.nea.org/helpfrom**

National Educational Helpfrom 是協助成人與學生一塊工作的網站。

■ **www.nhc.rtp.nc.us/tserve/tserve.htm**

TeacherServe from the National Humanities Center 是給老師的互動式課程強化服務。

■ **www.teachers.net**

適合教師使用的各種教材，從留言版到課程理念都有。

進階閱讀書單

Danielson, C., & McGreal, T. L. (2000). *Teacher evaluation to enhance professional practice.* Alexandria, VA: Association for Supervision and Curriculum Development.

Moore Johnson, S. (1990). *Teachers at work: Achieving success in our schools.* New York: Basic Books.

National Foundation for the Improvement of Education (NFIE). (1996). *Teachers take charge of their learning.* Washington, DC: Author.

Rosenholtz, S. (1989). *Teachers' workplace: The social organization of schools.* New York: Longman.

附註

1. Sparks, D., & Hirsch, S. (1997). *A new vision for staff development.* Alexandria, VA: Association for Supervision and Curriculum Development, 96.

2. Smylie, M. A. (1996). From bureaucratic control to building

human capital: The importance of teacher learning in education reform. *Educational Researcher,* *25*(9), 9-11.

3. Ibid.

4. Bredeson, P. V. (1999). *Paradox and possibility: Professional development and organizational learning in education.* Paper presented at the American Educational Research Conference in Montreal, Canada.

5. Wisconsin Department of Public Instruction (2000). Teacher Education and Licensing, PI 34. Retrieved July 1, 2002, from www.dpi.state.wi.us

6. Danielson, C., & McGreal, T. L. (2000). *Teacher evaluation to enhance professional practice.* Alexandria, VA: Association for Supervision and Curriculum Development; Glatthorn, A. A., & Fox, L. E. (1996). *Quality teaching through professional development.* Thousand Oaks, CA: Corwin Press.

7. Waller, W. (1932). *The sociology of teaching.* New York: Wiley; Lortie, D. (1975). *Schoolteacher.* Chicago: University of Chicago Press.

8. 重要文獻包括：Rosenholtz, S. (1989) *Teachers' workplace: The social organization of schools.* New York: Longman; Moore Johnson, S. (1990) *Teachers at work: Achieving success in our schools.* New York: Basic Books; Metz, M. H.

(1978). *Classrooms and corridors: The crisis of authority in de-segregated secondary schools.* Berkeley: University of California Press.

9. 例如，Wolcott, H. F. (1973). *The man in the principal's office: An ethnography.* New York: Holt, Rinehart, & Winston. Hart, A. W., & Bredeson, P. V. (1996). *The principalship: A theory of professional learning and practice.* New York: McGraw-Hill. Reitzug, U. C., & Reeves, J. E. (1992). Miss Lincoln doesn't teach here: A descriptive narrative and conceptual analysis of a principal's symbolic leadership behavior. *Educational Administration Quarterly 29*(2), 185-219.

10. Tyack, D., & Tobin, W. (1994). The "grammar" of schooling: Why has it been so hard to change? *American Educational Research Journal, 31*(3), 453-479.

11. Bredeson, P. V., & Scribner, J. P. (2000). A statewide professional development conference: Useful strategy for learning or inefficient use of resources? Retrieved July 1, 2002, from http://epaa.asu.edu/epaa/v8n13/

12. Louis, K. S., Kruse, S., & Associates (1995). *Professionalism and community: Perspectives on reforming urban schools.* Thousand Oaks, CA: Corwin Press.

13. *Teachers take charge of their learning* (1996). National Found

ation for the Improvement of Education (NFIE). Washington, DC: Author.

14. Bredeson, P. V., Kasten, K. L., & Fruth, M. J. (1983). Rewards and incentives in secondary school teaching. *Journal of Research and Development in Education.*

15. *Improving professional development: Eight research based principles.* National Partnership for Excellence and Accountability. Retrieved July 1, 2002, from http://www.npeat.org

16. Tyack, D., & Tobin, W. (1994). The "grammar" of schooling: Why has it been so hard to change? *American Educational Research Journal, 31*(3), 453-479.

17. Rosenholtz, S. (1989). *Teachers' workplace.* New York: Longman.

18. Parents like starting school in September, *Wisconsin State Journal*, August 24, 2001, A10.

19. Becker, G., Withycombe, R., Doyel, F., Miller, E., Morgan, C., DeLoretto, L., Aldridge, B., & Goldhammer, K. (1971). *Elementary school principals and their schools: Beacons of brilliance and potholes of pestilence.* Eugene, OR: Center for the Advanced Study of Educational Administration, 2.

20. Kozol, J. (1991). *Savage inequalities: Children in America's schools.* New York: Crown.

CHAPTER 5
工作「中」的專業發展

愈來愈多人相信，教師以及教師在每天與學童教學互動過程中所學習到的知識，應該作為改革努力與專業發展活動的核心。[1]

一 導論

有一位督學最近被問到：「老師在學期當中有什麼改善教學的機會呢？」她的答覆掌握了本章的主題。

問得好，這個問題可不簡單呢！這個問題很奇怪。我希望，如果教師在教導學生的過程中，真正用心準備行動研究，並且注意學生的表現，那麼也等於同時在學習。對他們的專業發展而言，那是最應該要發生的現象。把他們送去參加研討會，在專業發展活動優先性排行榜，或許只能排行第四順位。排行首位的活動，就是每天在教室進行的教學活動。排行第二與第三的活動，或許是某些共同分享的規劃時間，但是排第一的絕對是在教室裡與學童的教學互動，只要他們了解並且真正專注於學生的學習，知道如何評估學生的學習成果，並且知道評估學生學習成效的標準。[2]

本章將探討教師與校長的每日工作環境中所存在的各種學習機會。首先我將定義何謂**工作中專業發展**。接下來將討論，目前各種工作內置學習的研究與成功的實務經驗，可以帶給我們什麼啟示。第三部分將討論教師的學校工作中所內建的多種專業學習機會。緊接著在第四部分我要討論工作「中」專業發展。這個部分也會描述學校內工作內置專業發展的各種助力與阻力。本章最後將根據專業發展定義的三項判準，來評估工作中專業發展。

二 工作「中」專業發展的定義

工作「中」專業發展，意指個人日常工作中的內容當中，所內置的豐富多樣的學習機會。對於教師與校長而言，意義就是，為數龐雜且繁瑣的工作活動與工作責任所構成的整體。在文獻中，諸如「工作內置的學習」（job-embedded learning）、「在工作崗位上的學習」（on-the-job learning），以及「工作地點進行的非正式學習」（informal learning at work）等用語相當常見。我選擇採用**工作「中」專業發展**（professional development "in" work）這個概念，因為它可以傳達個人在工作崗位上學習以外的其他意義。這個概念能夠連結個人學習、成長和發展，以及組織目的、實務共同體和集體能力。因為教育工作者的工作相當密集、複雜且多變化，每日例行工作所內建的專業

學習管道自然也是形形色色。儘管有多樣且豐富的學習機會，大多數機會依舊受到學校教學與領導所特有的需求與矛盾困境所侷限。我使用工作「中」專業發展這個概念，也是和為了第六章將討論的「工作地」專業發展（就工作地點，在工作崗位上的學習）做區隔。

　　當我們使用教學就是工作（teaching as work）這個概念時，所代表的意義是什麼？[3] 有些時候，我們只不過用來把教學視為一種**職業**（occupation），和工程師、牙醫師或是律師是不一樣的職業。有些時候，這個概念則意指**教學事業體**（enterprise of teaching）——與教學相關的所有支持性任務與活動。其中包括了教學規劃、教案準備、課堂點名、完成必要的文件程序、督導學生活動，以及與家長溝通等等。**教學行動**（act of teaching）包括了教師與學生的直接互動中，所有的言行舉止，其中包括支持性與智識上的傳道授業。督促、增強、練習與激發學生興趣，都是支持性教書行動的例子。教學也是智識上的行動。教學的核心就是要幫學生使用他們的心智，來熟悉特殊的理念、了解事物，並且／或者發展特殊技能與知識。本章討論中，教學就是工作這個概念包括了教學**事業體**以及教學**行動**。我將說明各式各樣內置於教師的每日例行活動與專業責任中的專業學習機會。

三　工作內置的學習：既有知識

個人工作經驗、有關工作內置的學習，以及成人認知領域的文獻，為工作「中」專業發展提供了充足的支持。讓我們來看一看有哪些關於教師與校長的工作內置學習與工作崗位的學習機會的知識，是我們已經知道的。我們知道：

- 大多數在工作崗位上的學習都比較屬於非正式、多變的以及多面向的學習。「非正式學習（日常學習）是持續學習活動中最重要的一環。這種形式的學習／教學必須顯而易見」[4]。

- 工作「中」專業發展的內容，內含在教師每日例行工作中，也內含在該項工作的脈絡中──包括不確定性、每天上課的規律性、噪音、個人互動等等教學特有的特徵。

- 工作「中」專業發展賦予教師與校長創造共享的意義、打造集體能力，並強化教學實務共同體規範的機會。「共同體結合了實務與分析和反省，以分享彼此默契，並且藉由與學習機會中的參與者的經驗，創造共享的知識」[5]。

- 和那種在工作崗位上或是就地進行的傳統教職員發展活動不同的是，內置於教師日常工作的專業發展能夠減少學習轉移（transfer of learning）這方面的問題。

- 工作「中」專業發展能夠增進成人學習者的特徵與自然傾向。舉例來說，有關成人學習的文獻顯示，成人是具有自主性且

能夠自我導向的學習者。成人學習者想要將新的學習與他們已經累積多年的知識與經驗做關連。成人學習者偏好那種有關連性且具有實際應用與好處的學習機會。成人學習者是目標導向，常常將內容與學習成果關連到特定的職業目標與工作需求上。[6]

- 工作「中」專業發展將學習的權限賦予教師與校長；作為學習者，他們必須對自己的學習負責。將專業學習落實在教師每日例行工作中，也等於肯定了實作知識的重要性。教師與校長的個人知識與經驗常常被認為不像理論性或是大學內研究調查所獲得的知識那麼重要。能夠用來支持專業發展與學校改進的理念、知識以及專門知識，往往已經存在於學校中，既非「遠在天邊」，亦非「高高在上」，也不在教育官僚體系中。

- 成人學習者也和所有學習者一樣，有各種不同的學習風格。工作「中」專業發展能夠連結學習風格、專業學習與專業成長的機會。

- 教師的工作內容中，有很大部分確實牽涉到與其他人、學生與成人之間的互動。因此，工作「中」專業發展提供多重機會來減少孤立的個人學習情況，並同時打造社會支持與社會連結。

- 教師與校長持續透過行動與反省過程進行學習。「透過無數的注意或疏於注意、命名、理解意義、劃清界線與控制等等

活動」，他們在專業知識、專業表現與專業學習之間建立了互動性的交互影響。[7]

工作內置學習的特徵，替教師與校長的專業發展帶來許多好處。接下來，我們要討論工作「中」專業發展的優點。

四　工作中專業發展的優點

基於我們有關工作內置學習的豐富知識，我們可以知道，比起其他訓練與發展活動，工作「中」專業發展具有許多重要的優點。首先，教師與校長的工作是連續性且持續進行的，學校內專業學習的所有機會也是如此。有一位教師儘管每天工作繁忙，也不覺得自己還有什麼空閒時間可以用於專業學習，可是他最近的敘述卻精準地掌握了在工作當中利用多重學習機會的優點。這位教師是這麼說的：

> 怎麼說呢，總是有時間來做自我評估的。我的意思是，常聽到教師上完課之後說：「剛剛那堂課上的真不賴！」或是說：「天啊，剛剛那堂課真是遜斃了！」或者，總是有機會和其他人討論／溝通，談談你是否從工作中學到些什麼，或是有機會與其他人一塊反省自己的表現。我最後找了很多志願參加的學生家長到我辦公室。你也知道，就這樣，光是談一談就讓你會想，我為什麼要這麼做。你必須能夠向其他人解釋，

你就得好好想一想這些問題。[8]

　　另外一項主要優點則是，專業學習的內容、脈絡與學習成效之間，具有密切的關連。「在」教學中，「有關」教學的反省、分析與詮釋，都是脣齒相依，密不可分的。這也指出另外一項優點——增強動機。將教學與專業反省與成長做連結，具有實際成效、相關性，也能加以應用；這些都是為什麼非正式的學習能夠帶給教師極大動機的原因。最後，工作內置學習還具有許多效率方面的優點。和傳統的專業發展形式——諸如研討會、工作坊與外聘諮商顧問——相較之下，在工作崗位上的學習能夠強化集體知識，而就地經驗能夠減少許多成本，包括出差旅費、代課老師薪水，以及諮商費用等等。

五　工作「中」專業學習

　　學校內專業發展最常被引述的問題之一，就是缺乏時間。「當我們問到教師們在備課時間、學習時間與團體決策時間方面有何需要時，他們明白表示，在既有的學校行事曆中找不到時間，就算減少和學生相處的時間，也挪不出多餘的時間」。[9]為了解決這個問題，很多地方學區正努力在學校上課時找出時間。

　　這些策略對於找出更多時間來做專業發展很重要，儘管如此，依舊限制重重。因此，仔細檢視教師如何能夠兼顧工作與

學習，改善教學實務，就顯得非常重要了。圖 5.1 顯示教師們在日常工作中所指出的各種工作內置學習的機會。

	學習活動的結構	
學習者的活動	非正式	結構化
個人性	反省實務 個人閱讀	行動研究 學校自修
協作性	每日互動 分享資訊／理念	團隊教學 同僚指導

▲ 圖 5.1　工作「中」專業發展

圖中所列舉的非正式的學習結構／活動當中，許多都可以歸類在教學行動的類屬之下，包括支持性行動與智識性行動。然而，大多數卻是屬於教學事業體之下——包括教師在教書過程中會做的所有事情。這個陣列圖中包括兩個向度。水平軸代表著學習機會的結構化程度。舉例來說，和同僚對談往往是非正式且不具結構的活動，而參加協作性行動研究的活動則是系統性的，並且必須具有結構與整合的動作。垂直軸代表個人性學習與協作性學習。閱讀文章與書籍被歸類為個人性學習活動。參與委員會的活動則被歸類為協作性工作活動。

　　將這兩個面向併在一起來看，就會得出教師工作中學習機會的四大類型。**個人性非正式**（Individual Informal）（左上角）包含了各種通常是在個別機會中所從事的非正式學習。**個人性結構化**（Individual Structured）（右上角）則列舉個人參與、較

具結構性／協調性的學習活動。**協作性非正式**（Collaborative In-formal）（左下角）指的是那些協作性且非正式的學習活動。**協作性結構化**（Collaborative Structured）（右下角）則包括那些需要更多結構組織與協調的協作活動。

　　接下來我將簡短說明每一個角落的學習活動，但在那之前，讀者必須考量一下圖 5.1 的一些注意事項。圖中所列舉的活動，對任何教育界人士而言，既不新奇，亦不讓人驚訝；它們只是教師每日例行作息當中，能夠提供更多專業成長潛能的活動場合。所列舉的例子並未窮盡工作崗位上所有的學習可能性。將教學活動歸類在不同的格子裡，只是一個概括性作法，為了說明之便而做的考量；這些歸類並非絕對的區別。使用這個圖，只是為了更具指示性與描述力。因此，閱讀文章與書籍在圖中被歸類為個人性非正式活動，但是我們也大可以將其歸類為學校內的協作性活動，特別是專業的讀書會。或者，同僚指導的活動，在某些學校可能是結構性的方案，在其他學校卻是非常不正式的活動。不管個人性活動被歸類在圖中哪一部分，重要的訊息是，學校內教師的工作可以提供專業發展與專業成長很多學習的機會與場合。

（一）個人性非正式

　　根據你的時間管理的不同，如果你選擇要把握的話，是有很多學習機會的。我自己就讀很多書，而且，我

　　會在當期的報紙或是雜誌中尋找各種能夠讓學童的學習過程更加有效的素材。我走進各個教室，觀察其他班級的學童（初中教師，二十五年的教書經驗）。[10]

　　自成一格的教室，依舊是公立學校教室規劃的主流。教師遂必須學習依賴工作崗位上各種不同的**個人性非正式**學習機會，來獲取新知、增強技能，並改善教學實務。也許這些學習機會當中，最強有力的學習機會就是教學過程「中」的反省，以及「針對」教學的反省。許多學者都提供詳細的資料與分析，來說明反省活動對專業實務的成長、學習與改善的重要貢獻。[11]

　　個人性非正式學習活動也包括閱讀、上網瀏覽，以及觀賞影片。要從事這些活動的時間，會隨著教室、學校與級別的不同而產生差異。就「自由／準備時間」而言，小學教師與高中教師之間就有著相當大的差異。課堂授課也提供多重機會來實驗不同的教學策略、測試新的理念、檢視學生表現、創造學生的學習活動、觀察學生，並且日理萬機般替各種會影響教學、學習、管教，以及課堂管理的大大小小，成百上千個問題做決策，並針對這些決策的結果進行檢討。

（二）個人性結構化

　　有些時候，教師所採取的課程活動，已經具有內建的結構，需要透過系統性的組織方式，將人、物資與資源加以協調。舉例來說，進行教室行動研究的教師必須以有系統的方式蒐集與

分析資料，才能回答該研究所針對的特定問題。所有的教師都同時蒐集與分析資料。差別是，組織過程的方式不僅僅能夠支持行動與持續性的專業學習，也同時讓教師能夠進行一般的教學工作。能夠支持教師學習的個人性結構化工作活動的其他例子，還包括參與自主研究（self-studies）（通常是根據特定的研究綱要來進行）、分析學生的測驗資料、創造並維護個人表現成就檔案（portfolios）、撰寫行動計畫書、發展個人的專業發展計畫、研究經費申請書，甚至著書出版。

（三）協作性非正式

　　對於一位具有十四年教學經驗的小學教師而言，和同僚間的互動是她用來持續改善教學實務的主要方式：

> 對我來說，最重要的事情就是能夠跟其他人一起工作，不管是跟同事，或是跟校長，或是，你知道，來自任何一個其他部門的任何專長的人，都好。你知道，我認為你能夠自己評鑑，而且你能批判你自己做過的事，我認為那是很有價值的，而且當然有些時候那甚至是最合適的。但是對我來說，我認為最有幫助的依舊是彼此腦力激盪，並且評鑑至少一個團隊，我是說，在一個夥伴關係或是小團隊，而且我有一位相當好的校長可以當我的夥伴。而且，我有一個相當不錯且彼此的能力相當的團體。棒透了！當你說「你們知道嘛，

我本來可能想要那麼做？」的時候，沒有人會因此批判你，這真是相差太多了。就像是完美的，而且我們都相互學習，不管是，天啊，你知道嗎，不管是一起規劃的事，然後我們一塊行動，或者，即使我們一起規劃，分頭行動之後所得出的結果卻可能南轅北轍，我們回來之後就開始評估。「你的辦法帥呆了，下次我也要那樣做看看。」所以我認為，和他人分享你的理念，分享你的策略，是最最重要的關鍵。[12]

在專業學習共同體中，教師依賴**協作性非正式**學習活動，來接納新進人員，並加以社會化，使其獲得實作方面的知識，改善教學，打造集體能力，學習處理各式各樣工作場所會遇到的議題。對談是這種類型的學習活動的主要管道。但是，就像前面這位教師所提及的，對談不能僅是閒話家常。對談內容必須愈來愈具體、特定，並且專注於同僚之間的分享與相互評估，以便改善學生學習的教學實務。與同僚之間透過合作計畫、會議對談、分享專業研討會所得到的資訊、觀察並批判其他教師，甚至與學生談談他們的學習等等方式所進行的互動，都是教師能夠一起合作，改善專業本職學能的方式。

（四）協作性結構化

除了課堂的實際教學活動之外，教師和同僚之間也會透過許多共同安排的活動，以實現個人與集體的教育目標。每一項

活動都有能夠支持學校內個人與集體學習的潛能。團隊／協作教學是一種非常有效的教學策略，也是強有力的專業學習能力。讓我們使用前面這位小學教師談論協作性非正式學習的陳述。想像一下，如果她有試過團隊教學，一種協作性結構化學習機會的話，她會怎麼說。為了說明這點，我將重新轉述她所說的話，以便突顯結構性與非正式專業發展機會之間的差異。

　　團隊教學也結合了許多不同的協作性結構化學習機會。舉例來說，藉著一起工作，教師們協力設計課程，評估學生學習，並且發展新的教學計畫書。團隊教學也能增強專業互賴與相互支持。教師之間的觀察、同僚的諮詢與回饋、督導及指導，則是團隊工作的教師能夠運用的協作性結構化學習機會。[13]

　　對我們來說，我認為最有幫助的依舊是彼此腦力激盪，並且以團隊的方式來共同評鑑。那是一種夥伴關係。隊員中有一位相當好的校長。而且，我有一個相當不錯且彼此能力相當的團體。棒透了！當你的夥伴或是隊友說，「你們知道嘛，我本來可能想要那麼做？」的時候，沒有人會因此批判他，這真是相差太多了。就像是完美的，而且我們都相互學習，不管是，天啊，你知道嗎，不管是一起規劃的事，然後我們就付諸行動，而且，即使我們一同規劃，不同隊員夥伴做出來的結果卻可能南轅北轍，我們回來之後就開始評估。「你們的辦法帥呆了，下次我也要那樣做看看。」所以學校上班時間要能夠增進專業學習，最重要的關鍵因素就是和其他人分享理念，分享策略。

六　工作內置學習的侷限

　　儘管工作「中」專業發展具有這些優點，這種工作內置的學習依舊有一些潛在的問題。認知心理學家告訴我們，先前的知識與經驗實際上有可能阻礙我們學習新知。先前的知識常常是新的洞見與新的理解的箝制枷鎖。然而，它也可能成為精神方面的牢房。John Dewey 在幾十年前已經提醒我們，並不是所有的經驗都具有教育的功能。[14]如果經驗的終極效應是拘泥或者扭曲成長與學習，那種經驗反而不利於學習。因此，目前的作法及對專業工作的理解可能會篩選掉或是扭曲了新學習或實務改善方面的新的可能性。

　　工作內置學習所面臨的第二個潛在限制是，並非所有的教育工作者都具有在工作中學習的傾向與能力。工作中的專業學習必須具備反省、分析、詮釋的能力，也必須能夠整合先前知識、現實處境，以及各種新資訊，以便將這些素材融貫成新的、充滿動態的專業能力與知識，而同時，又能夠完成每日例行的教學工作。這並不是一件簡單的任務。因此，對於那些欠缺反省能力的實務工作者而言，過於依賴工作內置學習的方式可能會讓他們感到沮喪，甚至有徒勞無功的挫折感。

　　學習環境的設計者的工作就是要打造適合學習的最佳環境。不幸的是，某些學校與社群的環境卻是負面消極的文化，充斥

著冷漠諷刺，對新的理念與需求充滿敵意，欠缺集體使命感，還有那種污染了工作與學習環境的有害情緒。這些條件都可以扼殺教師與校長的非正式、工作內置學習。得過且過的苟且工作心態，變得比專業成長與改善教學實務來得重要。

除非學校與教職員能夠得到強有力的專業使命感與組織目標的驅使，否則，工作「中」專業發展這種常常是非正式且非結構化的學習方式，很容易就演變成無法回應特定的學習需要、目標，以及學校的優先價值。最後，若是沒有一套共享的組織目標感來指引專業能量，就總是會產生一種可能性，工作「中」專業發展反而會使教師的孤立處境更為嚴重，並使得專業學習的支離破碎與前後不一致的問題更形惡化。這麼說來，為了打造一個能夠支持工作「中」專業發展的學習環境，必須面對哪些助力與阻力呢？

七　工作中專業發展的助力與阻力

為了理解表 5.1 所列舉的各種因素，可以透過一種力量與力場的分析方式。也就是說，助力是那些能夠支持教師「在」工作中學習的正面推動力量。阻力則是那些阻礙了工作崗位上的學習的負面抵抗力量。力量與力場的分析指出，為了打造工作「中」專業發展的支持環境，有兩個可能的策略。第一個策略是要增加正面助力的力道與強度。舉例來說，基於「在」工作

中學習的機會而促成的教師之間的社會支持與同僚互動，提供了一組重要的誘因，來維持能夠支持「在」工作中協作學習的條件。藉著強調這些因素，並將它們塑造成文化期盼與規範的一部分，工作「中」學習就能得到發展與擴張。制度性的酬賞與結構，結合這些內部的因素之後，也是創造並維持在專業工作進行專業學習與成長的最佳條件的系統性方式。

學校／學區已經發展出各種策略來增強工作「中」專業發展所需的助力，已經有許多成功的案例。接下來就讓我們看一看表 5.1 列舉的幾個助力，以及這些助力是如何支持專業學習的。

社會互動。增加教師與教育行政人員之間的社會互動機會，能夠替他們創造多重機會，藉著談論彼此的經驗，反省工作狀況，並且分享各自領悟的專業智慧，互相學習。提供教室以外的硬體空間、充足的時間、容易運用科技（例如電話、電腦及傳真機）來進行這些互動，都能夠增強社會互動，減輕孤立處境，並且讓學校成為一個更富人性的環境。增強社會互動必須搭配資源：有時是新資源；有時是重新分配的既有資源。

同僚支持。督導與教師彼此的支持措施，對新進老師與新任行政人員而言，能夠支持學校內學習，因為同僚之間彼此分享的豐富經驗與專業職能，對他們幫助很大。[15]

情境脈絡化的認知／轉移。學習過程若能具體落實在教學實務的實際場域，將是絕佳的學習管道，其中包括：由同僚示

▼ 表 5.1　工作「中」專業發展的助力與阻力

助力
- 社會互動
- 固有價值，個人成長
- 專業責任感
- 同僚支持
- 正面積極的文化——專業學習共同體
- 與工作和專業需要相關
- 情境脈絡化的認知，與易於轉移
- 酬賞與其配套結構
- 對於學習與學校改善的正面積極傾向
- 高度的個人效能感與專業效能感

阻力
- 缺少時間與精力
- 角色承載過量與工作相關的壓力
- 缺少資訊
- 缺少個人興趣與技能
- 做起來很難
- 個人問題——生活、家庭
- 負面消極的學校文化
- 低度的個人效能感與專業效能感

範新的教學實務、在即將施行新知識的學校環境中展示新資訊、將教學過程的基本準則做一些微調，以及批判性學習團體等。

　　固有價值與個人成長。專業成長與發展的另外一項重要助力，就是協助教師與教育行政人員重新塑造他們對專業工作的使命感，並且在那些能使工作活潑化並且能賦予他們每日例行工作意義的事情上重新作連結。撰寫反省日誌、特殊利益的工作團體，以及協作性調查，都是屬於支持性的活動。工作的肯

定（注意到其他人的工作）、慶祝成功的儀式與典禮，以及分享喜悅與關懷的正式與非正式機會，都是肯定教育工作者的基本價值，並且肯定他們的專業使命與日常工作的內在價值的方式。

透過力量與力場的分析可以得知，另外一種策略就是減少那些可能阻礙工作中學習的阻力與影響力。其中包括了諸如創造性的使用與分配時間，減少創新與角色承載過量（應接不暇的改變，環環相扣的優先價值），以及努力緩和文化當中孕育冷漠諷刺並打擊專業能量與士氣的各種負面消極因素的策略。在實務中，移除阻力的策略看起來像什麼樣子呢？

缺少時間。調整行事曆、時鐘與課堂作息時課表，有助於移除「缺少時間」這項工作「中」專業學習所面對的阻力。使用代課老師來創造時間，以便讓個人或教師團體能夠挪出時間，將工作合約延長至暑假，使用每天上課的時刻表安排方式來創造共同的規劃與協作時間，並且重新調整上課時間的結構，提早放學，延後上課時間，或是時間信用累積管理制度（banking），都是創造時間的主要策略。

缺少興趣與技能。從學習環境的事前評估可以看出，個人可能會因為缺乏興趣或是必要的知識與技能而無法好好利用學習機會。就缺乏興趣這個議題而言，找出問題的根源是很重要的。可能是由於資訊不足或是尚未自覺。這個時候，重要的就是要提供多重管道與機會，讓他們可以獲得更多的資訊，並找

到關鍵人士尋求諮詢。缺乏興趣也有可能是由於他們認知上，或許實際情況的確是對於學習的方向與內容欠缺認識與掌控力。這時就要使用個人專業發展規劃，將個人興趣利益與組織目標作關連，就可以直接解決這個議題，並且將專業學習的責任重新交回專業人員的手中。

　　為什麼某些教師可以在工作場所的經驗中發現各種專業學習與專業改善的機會，而其他教師費盡心力卻只能滿足每日例行工作的基本需求呢？這個問題並沒有簡單的答案。個人能力，以及有關專業人員的適當角色的理解，是兩個關鍵因素。那些自己控制自己學習，並且將專業學習看成自己的責任的教師，本來就有比較強的傾向，願意自動自發地將工作經驗與事件轉換成學習的機會。這並不容易辦到，畢竟教師每日的工作負荷非常沉重，而且也必須具備許多技能。教師與校長對於自己的行動與這些行動的後果，必須有所自覺。他們也必須發展出必要的能力，得以在推動每日例行工作的過程中進行反省、分析與詮釋的動作。專業學習共同體中的教師與校長也必須通力合作，以便發展他們集體反省的能力。正是透過集體反省的動作，教育界同仁才得以對於共享的目標具有使命感，才能創造共享的意義，並發展集體的專業能力來提升學生的學習。

 結 論

　　在本書一開始我替專業發展下了一個定義，其中包含三大

標準。**專業發展意指能夠讓教育同仁在創造與反省能力的鍛鍊過程中增強教學實務的各種學習機會。**工作「中」專業發展達成這些標準的程度有多高呢？首先，正如圖5.1所示，教學**事業體**與教學**行動**中所內置的各種每日例行活動中，提供了各式各樣的專業學習場合——不論是非正式或結構化、個人或是集體的學習方式。第二，根據個人與集體的能力的不同，這些一般性，有時甚至是例行性的活動，每一項都具有鍛鍊教師的創造與反省能力的潛能。最後，充分的證據顯示，教師願意全力用心於持續性學習，並發展出反省性實務所需的技能，乃是為了透過強化自己的專業職能與教學實務，增強學生學習與發展。

當你在考量專業發展的嶄新建築藍圖時，想想看貴校有哪些工作「中」專業學習的機會。工作「中」專業發展是不是貴校專業學習文化的一項特出並明顯的一部分呢？有何證據可以支持你的評估結論？透過何種方式可以強化工作「中」專業學習呢？教師學習還有其他主要管道。接下來，我們將會討論「工作地」專業發展。

參觀網址

■ **www.edweek.org**

　　Education Week

■ **www.pacificnet.net/~mandel**

由教師設計，為教師的需求而設計的網頁，提供免費、不以營利為目的的服務。在本網站蒐集資訊不用花費你一毛錢，提供素材的教師也沒有從中得到任何利潤。除了寒暑假之外，網站內容每週更新兩次。

■ **www.middleweb.com**

Exploring Middle School Reform 由 Focused Reporting 計劃所完成經費來自 Program for Student Achievement of the Edna McConnell Clark Foundation 的贊助。

■ **www.ed.gov/NLE**

National Library of Education（NLE）是世界規模最大的教育資源專屬網站。由聯邦政府出資維持。NLE 也是聯邦政府有關教育方面資訊的主要來源。

■ **www.ed.gov/free**

FREE 由超過三十個聯邦政府單位所協力打造的網站，提供上千種聯邦政府所提供的教學與學習資源。

進階閱讀書單

Glatthorn, A. A., & Fox, L. E. (1996). *Quality teaching through professional development.* Thousand Oaks, CA: Corwin Press.

Joyce, B., & Showers, B. (1995). *Student achievement through staff development* (2nd ed.). White Plains, NY: Longman.

Loucks-Horsley, S., Hewson, P. W., Love, N., & Stile, K. E.

(1998). *Designing professional development for teachers of science and mathematics.* Thousand Oaks, CA: Corwin Press.

Novick, R. (1996). Actual schools, possible practices: New directions in professional development. *Educational Policy Archives Analysis, 4*(14), 1-18.

Osterman, K. F., & Kottkamp, R. B. (1993). *Reflective practice for educators: Improving schooling through professional development.* Thousand Oaks, CA: Corwin Press.

Schon, D. A. (1983). *The reflective practitioner: How professionals think in action.* New York: Basic Books.

Schon, D. A. (1987). *Educating the reflective practitioner.* San Francisco, Jossey-Bass.

附註 ▶▶

1. Novick, R. (1996). Actual schools, possible practices: New directions in professional development. *Educational Policy Archives Analysis, 4*(14), 1-18.

2. 經授權使用的資料。Excerpt from interview transcript for 2001 class project. EDAD 847. University of Wisconsin-Madison.

3. 這種教學分類方式係參考 Paul Komisar (1968). Teaching: Acts and enterprise. In C. J. B. MacMillan & T. W. Nelson.

(Eds.), *Concepts of teaching: Philosophical essays.* Chicago: Rand McNally. 轉引自 Brent Kilbourn. (1991). Self-monitoring in teaching. *American Educational Research Journal, 28* (4), 721-736.

4. Rubenson, K., & Schutze, H. G. (1995). Learning at and through the workplace: A Review of participation and adult learning theory. In D. Hirsch, & D. A. Wagner (Eds.), *What makes workers learn: The role of incentives in workplace education and training.* Cresskill, NJ: Hampton Press.

5. Stern, D. (1998). Situated learning in adult education. *ERIC Digest 195,* 3. Columbus, OH: ERIC Claeringhouse on Adult Career and Vocational Education.

6. Knowles, M. (1984). *The adult learners: A neglected species* (3rd ed.). Houston, TX: Gulf.

7. Schon, D. A. (1987). *Educating the reflective practitioner.* San Francisco: Jossey-Bass.

8. 經授權使用的資料。Except from interview transcript for 2001 class project. EDAD 847. University of Wisconsin-Madison.

9. National Foundation for the Improvement of Education. (1996). *Teachers take charge of their learning.* Washington, DC: Author.

10. 經授權使用的資料。Except from interview transcript for 2001 class project. EDAD 847. University of Wisconsin-Madison.

11. Schon, D. A. (1983). *The reflective practitioner: How professionals think in action.* San Francisco: Jossey-Bass; Osterman, K. P., & Kottkamp, R. B. (1993). *Reflective practice for educators: Improving schools through professional development.* Newbury Park, CA: Corwin Press.

12. 經授權使用的資料。Except from interview transcript for 2001 class project. EDAD 847. University of Wisconsin-Madison.

13. Bambino, D. (2002). Critical friends. *Educational Leadership*, *59*(6), 25-27.

14. Dewey, J. (1938). *Experience and education.* New York: Macmillan.

15. 例如,請參見:mentoring programs for new teachers and principals: Grow Our Own Principals, First-Year Principals, other mentoring examples around the nation. Retrieved July 1, 2002 from www.madison.k12.wi.us/hr/GOOP.htm

CHAPTER **6**

「工作地」專業發展

在管理與教育這兩個學科中，工作地學習已經成為最
刺激的發展領域之一。[1]

一 導論

第五章討論了工作「中」專業發展的機會。其中包括了四
種主要的工作內置學習：個人性非正式、個人性正式、協作性
非正式，以及協作性正式專業學習活動。教師與校長們在每日
例行學校工作的要求範圍之內，依舊有各式各樣的時機得以增
進個人的技能並改善專業實務。本章所要討論的卻是一個有相
關，但是很不一樣的教師專業發展的領域──「工作地」的專
業發展（at work）。

說得白一點，當教師在授課時，他們會發展出一套豐富的
直接經驗背景，容許他們藉著適當的反省與分析動作之後，增
進教學實務並繼續成長。有數不清的機會可以增進專業知識、
技能與實務。因此，就某方面而言，第五章所描述的活動都可
以算是「工作地」的學習經驗。然而，我依舊希望在此做區別。
對教師而言，工作「中」專業發展指的是內置於工作活動本身
的學習機會──包括教學活動，以及支持性與智識性教學行動

這兩項任務。至於「工作地」專業發展，在成人與職業教育的文獻中，常常被稱做「工作場所學習」（workplace learning），指的是伴隨著教師日常工作而就地進行的學習機會。「工作地」專業發展所描述的學習機會，指的是當教師並未直接面對學生進行教學行為，也不是處在備課狀態之下，所出現的學習機會。

本章一開始將扼要說明工有關作場所學習的研究發現。第二節則將說明各種「工作地」專業學習的機會。緊接著我要探討幾種能夠替「工作地」專業學習創造最適合條件的方式。下一節則說明「工作地」專業發展的優點與潛在的限制。本章最後結論中，將簡要說明Etienne Wenger的社會學習架構，及其對創造學校內專業學習共同體的啟示。

二 工作場所學習的現況

關於工作場所學習的議題，文獻中已經充斥很多研究發現。不過，工作場所學習的實際全貌究竟為何，仍有許多有待探索的空間。造成這個現象的部分原因可能是因為研究傳統與組織目的的觀念都是將工作與學習作區隔。學習通常在教育機構進行，而且被理解成**為了**工作之前的準備，而非**工作整體的一部分**。最近，則開始採取一種科際整合的觀點來看待工作場所學習，而使得學術訓練、組織類型與研究方法等等傳統區隔的界線產生模糊。David Boud 與 John Garrick 在《理解工作地學習》

（*Understanding Learning at Work*）一書就是採納這種跨學科的觀點的研究成果，提供了一個卓越的例子。他們的結論顯示，「生活與工作、學習與生產、社群與企業等等傳統的區隔界線，正在逐漸流失。界線位移、工作與學習目的的價值變革，替所有層面的工作者帶來實體上、情感上與認知上的影響」[2]。為了提供一個理解工作地專業發展的背景資訊，我從 Boud 與 Garrick 的著作中挑選了一些關鍵的理念與研究發現。當你在瀏覽表 6.1 的研究發現總結時，請你想一想，對於學校這樣一個工作場所而言，這些因素分別以哪種形式表現出來，以及對於教師與校長的學習造成什麼影響。[3]

（一）學校內工作場所學習

　　這些研究發現對於教師的工作地專業發展有何意涵？對校長的工作地專業發展又有何意涵？讓我們一起來看看幾個比較重要的研究發現。舉例來說，我們知道，教師與校長的工作相當繁複，必須具備充足的訓練、技能發展，以及不斷的改良才行。專業訓練的多種方案不見得能夠達成所有的要求。因此，教師與校長帶著職業證照來到學校任教，但是仍然需要時間與機會來繼續學習，以便發展更高階的專業職能。又例如，某些州的教師與校長在完成訓練課程之後，只會獲得一種初步的，無法更新的證照。當舊證照到期必須換照之前，他們會被要求必須繼續專業發展，多半是在工作場所內進行的，才能夠成功

▼ 表 6.1　工作場所學習的相關研究彙整

- 工作場所學習是現代組織的命脈。
- 有效的領導者了解學習與工作之間的關連，並且積極強化這些關連。
- 有關工作場所學習的文獻指出三大目標：改善個人與團體的工作表現，以達成組織成功；藉著增進知識、技能與持續學習的能力，造福個人；藉著協助個人獲得有價值的知識、技能與價值，支持積極主動的公民，對社區的使命感，並對社會的未來而努力。
- 工作的脈絡——包括權力關係、公平、文化以及語言——都會影響人們建構知識的方式與學習的內容。
- 經濟學與市場力量是目前對於工作場所學習的強大需求背後的推動力。除此之外，終身學習的觀念近年來也逐漸受到重視，推動「全人」（whole person）的發展，而不只是工作者的發展。
- 在現代組織中，知識就是**最**主要的資源。因此，對於學習，有著前所未有的高度需求。成功的組織能夠創造最適合的環境來維持這項可以不斷更新精進的資源。
- 工作場所學習對於個人與團隊的成長與發展有貢獻。
- 學習與工作的傳統區隔，造就了學習文化（教育機構）與工作文化（受雇關係）的區別，也導致雙方在世界觀、使用的語言、語言的目的各方面，有著顯著的差異。這些差異限制了溝通與協作的進行。
- 因為地點的關係，工作場所學習有助於轉變工作的目的、性質與結果。
- 工作場所學習並沒有任何一套普遍適用的模型或是設計。它具有多元面向，並且在目的、設計與提供方式等方面具有多樣性。
- 學習是工作的核心要件，而不只是工作前的準備。
- 工作地學習可以提升協作過程。
- 並不是所有的工作場所學習都是好的。為了避免非預期的或是負面的學習成果，提供正式與非正式的指引，來支持學習者，是很重要的。

取得新的專業證照。

決策者與社區成員也體認到專業發展對於他們學校的品質與未來的重要性。學校改善計畫、創新以及再造方案，都投注相當多的資源在專業發展。積極學習者的教師能夠創造適合學生學習與發展的優渥環境。學校校長、教學領導者以及學習者本身，對工作地專業學習而言，也扮演重要的角色。他們共同替學校內的每個成員創造真誠的、關懷的學習環境。他們提供他們的專業知識與支持，襄助工作場所學習的內容設計、提供方式與發展。最後，他們有系統地評鑑學習成效，並評估學習成效對於學校優先價值與目標所造成的衝擊。[4]「工作地」專業發展是學校成功與否的命脈。

（二）有關學校內工作場所學習的注意事項

並不是所有的工作場所學習都是好的。有些情況下，舉例來說，學校內的負面消極文化會對於專業成長與專業發展產生不良的反效果。更常見的是，沒有經驗的生手老師常常是在領到年級教科書與教室鑰匙之後，懵懵懂懂地開始他們的專業教書生涯。為了求生存，學習過程必須愈快愈好。然而，將一個生手教師擺在一個不良的專業學習環境中，往往會讓他們學到一些不好的榜樣。例如，他們可能會學到下面這種不良觀念：「不是每個學生都學得來的。對於學生的家庭與惡劣成長環境的困境，我根本無能為力。而且／或者，我只求平安渡過這個

創新階段；畢竟教學老手都這麼熬過來了。」為了避免這些非預期的學習成果，學校與學校內的專業人員必須明白彰顯並闡述核心價值、設定明確目標、設計學習機會來協助教師達成目標、以及提供資源來協助學習者。入職指導計畫、教師同儕指導、督導，以及團隊編組學習，都是要在學校內達成正面積極學習成效的常用策略。

（三）「工作地」專業學習：一個熟悉的典範

「工作地」專業發展（表6.2）包括大多數的教育工作者會

▼ 表6.2　工作地專業發展

學習活動	工作地專業發展的實務範例
工作坊	外聘演講員、諮詢顧問、特殊主題、模擬、專家蒞校示範與展示，教師資源中心。
訓練	現學現作、增加技能的課程、外聘顧問、指導員、與帶動人員，展示範，模擬、實作與指導課程，聲音／影像／數位訓練素材。
會議	教職員、團隊小組、特別小組、討論與探究團體、視訊會議、同僚諮詢、教室觀察與督導的評估時段。
就地課程	特殊主題、介紹新科技、內容、教學與組織方法。
教師網絡	線上網絡、內容與特殊計畫的網絡，與學校／大學的合作關係。
遠距學習	自主性、非正式的學習，例如，瀏覽網路、正式課程。
E化連結	電子成果檔案表、電子郵件、線上佈告版、網路、書信往來。
學校內交流	教師相互觀察、課堂試聽、非正式合作、團隊分享。

認為是學校內傳統教職員發展與在職進修的活動。既然教師每天的工作時間當中，大部分都是花在和學生直接相處，或是和同僚在一起準備課程教案，那麼一天當中有哪些時間可以進行所謂的工作地專業發展呢？雖然每天工作時數都是滿檔，還是有很多教師學習與發展的機會可以被安插進去一天當中的其他部分──學生上學之前與學生下課之後，放

參觀網址
www.ncrel.org

學時間，而且可以在教師備課的所在地進行。排定的在職進修日，暑假額外的合約工作日，都提供其他時間給「工作地」專業發展。這些活動不管是個別進行，或是和其他活動一併進行，都可以替工作地學習提供多樣的機會。

　　儘管這些活動對於教師與校長而言可能是很熟悉的活動，很多教育界同仁基於過去負面的個人經驗，往往對它們抱持著褒貶不一的評價。這就代表著一個耐人尋味的弔詭處境。上面所列舉的專業發展活動不僅充滿展望，也有潛在的問題。許多教育改革論文與政策文件，只挑一部分出來看，都指出，專業發展──包括很多上表所列舉的活動──是提升學生成就、推動更高的學術標準、落實組織變革、拯救學風敗壞學校、改善教學，並創造真正的專業學習共同體的關鍵因素。然而，從相反的觀點來看，則是對於傳統教職員發展與教師在職進修的尖銳批評。教職員發展與在職進修的「執行成效，一般而言，在學者、政策制定者與教育界同仁之間，風評不佳，被譏為教學

方式不完善、經濟上不夠有效率，而且對教師而言沒有什麼價值」[5]。此外，傳統教職員發展的活動往往是東拼西湊、支離破碎、前後不一致的；[6] 對於教師的教學實務幾乎不具任何影響力；[7] 未能內置在教師的每日例行工作中；[8] 而且過於專注在狹隘的與實際脈絡脫節的技術性技巧，無法落實在深入的內容、教學法，與專業信念之中；[9] 評鑑成效不彰；[10] 而且往往未能提供適足的後續資源與支持，來維持教師實務與學校結構的改變所產生的影響。[11]

果真如此，當我們在考量這些被包含在「工作地」專業發展的活動時，該如何處理這個弔詭處境呢？弔詭處境所帶來的不確定性可能也包含了一些想法，可以用來解決專業發展與實務中持續出現的矛盾與兩難困境。我們必須體認到專業發展既可能提升教學實務，也可以產生更多問題，因此迫使我們不得不跳出那些侷限我們思考的傳統框框。為了處理專業發展的矛盾處境，我們就必須提問新的問題，將理念與實務逆向思考，重新構建議題，並找尋出人意表的解答。

三　創造工作場所學習的最佳條件

工作地專業發展有各種機會。在健全的學習環境中，教師與教育行政人員都會利用具創造性的方式來鼓勵並支持工作日的專業發展。然而，並非所有的教育工作者所置身的環境都鼓

勵並支持持續性的學習與成長。當工作場所的條件不利於持續成長與學習時，可以採取哪些方法來改善工作條件，以便轉型成為一個更正面積極的專業學習環境呢？並沒有任何一個單一模型可以複製學風鼎盛的學校。不過，真正的、學風鼎盛的學校共同體之間，的確共同具備許多相同的工作場所的元素，能夠緩和前一節所提及的那種不利於專業發展的負面消極的文化。圖 6.1 將這些共同元素歸類為四大類：(1)學校的社會組織；(2)資源；(3)學校結構；(4)個人特徵。接下來讓我們仔細討論每一個元素。

（一）學校的社會組織

過去四十多年來，有關學校文化與專業共同體的研究紛紛顯示，學風鼎盛的學校的社會組織方面都具備五項關鍵要素，才能對工作地專業發展有所助益：[12] 第一，專業學習共同體具有

▲ 圖 6.1　學風鼎盛的學校當中常見的工作地元素

清楚闡述的共享目標，能夠提供一致性與意義給學校改善、個
人專業實務，與組織學習等面向；第二，專業工作與學習中，
有很多協作的表現形式，分別透過對談、協同工作以及合作規
劃的方式表達出來；第三，教師與校長發展出共享的教學目標，
並決定達成這些目標的策略。這些目標，特別是與學生學習有
關的目標，都是強有力的組織因子，能夠為個人與集體工作提
供導引與意義，同時並能帶出每個專業人員真正企盼的目標；
第四，共享的目標、集體的專業職能，以及專業的相互依賴性，
替專業實務共同體中的每一個成員創造出身分認定與意義；第
五，在一個學風鼎盛的學校中，將學校社會組織的各個關鍵要
素串聯在一起的要素，就是信任感。工作地的學習要求教師與
校長要勇於承擔風險與挑戰。專業學習可能包含實驗新的理念
與實作方式，改變熟悉的慣例，或者對於可能的結果暫時擱置
判斷。過於陡峭唐突的學習曲線可能會導致認知上的不和諧與
不安，反而讓原本有自信的專業人員感到焦慮與脆弱。一個信
任的環境就像一個安全網，能夠提供心理上、情感上以及人與
人之間的相互肯定，這些是學習者在經歷工作地學習所帶來的
喜悅與不確定性時，所迫切需要的支持。

（二）資源

　　最近我有機會詢問教師、校長，以及其他教育行政人員，
請他們指出是哪些因素對他們在學校內專業發展造成侷限。當

他們說，時間跟金錢時，一點也不讓人感到意外。「工作地」
學習的機會普遍而言比其他「工作崗位之外」的專業發展活動
要來得省錢。儘管工作場所學習顯然比較有效率，關鍵的資源
還是必須具備的，包括時間、金錢、物資、設備及支持人力。
對於想要在工作地發展專業知識與專業職能的教師與校長而言，
他們需要時間來讀書、來反省他們學到的東西、來與其他人諮
詢。學校內可供教師利用的資源當中，最有價值的資源則非他
們的專業同僚莫屬。為了充分利用他們同僚的專業職能與豐富
經驗，教師們需要時間來會面、對談，並且反省他們的學習與
實務。[13]

　　金錢是另外一項關鍵資源。要在工作地提供一個能夠增長
持續學習與實驗精神的環境，有許多直接的成本花費。舉例來
說，學校需要購買物資（書籍、軟體、訓練器材及影帶），付
錢給諮詢顧問，並且雇用代課老師，以便讓教師們在工作時間
能夠有學習的機會。金錢也能提供了第三個關鍵資源，能夠支
持工作地學習的基本硬體架構所需的設備（資源室與實驗室）
與器材（電腦與網路）。最後，工作場所學習也必須具備支持
人力，他們必須有能力、有時間、有意願提供指引、協助，以
支持工作地專業發展。

（三）學校結構

　　專業學習共同體也共具備共同的結構性特徵。若是缺乏這

些支持結構與過程,「工作地」專業學習的機會將會嚴重受限。這些支持結構包括了創造性的時間使用方式、社區支持、堅強的領導、系統性評估過程、分權化的決策方式來決定專業發展的方向,並且能夠使用結構與制定規定來支持專業學習,而不是將它們視為主要障礙。專業學習共同體不容許官僚結構與食古不化的政策侷限專業成長與組織改善。他們會在學校委員會的政策、工作慣例,以及協商過的工會契約的既有架構之下,想辦法來讓事情能夠運作,例如,透過免除條款以及必要時使用附約的方式,來開創彈性與機會。

在前一節中,時間被描述成支持專業學習的關鍵資源。時間也是學校的主要結構性特徵之一——日期、行事曆、課表以及教學時間等。圖 6.2 說明了美國各地的教育界同仁如何能夠透過改變上課時間的時間結構,重新組織或是創造時間給專業發

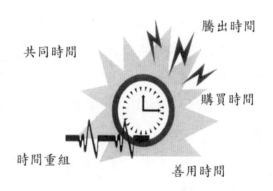

▲ **圖 6.2　替專業發展創造時間**

展。[14] 這五個方法分述如下：

騰出時間：找代課老師，團隊的安排方式，以及組織特殊活動。

時間重組：改變學校上課時間（延後上學時間、提早放學、時間信用管理）、改變學校行事曆，或是教學的時間表。

共同時間：組織教師的時間表，找出大家可以相聚會面、對談與學習的時間。

善用時間：善用目前排定的會談時間與專業活動。

購買時間：雇用額外的教職員（常任代課老師或是職務代理人員）以便不定期解除教書或是其他專業責任。

校長、其他行政人員，以及學校委員會的堅強領導，也是那些具有工作地專業學習堅強規範的學校所具備的特徵。首先，專業學習在組織中受到重視，被認為是專業工作的重要面向；其次，堅強的領導者不僅了解專業學習是工作，也懂得工作地專業發展的重要；第三，領導者在組織中身居獨特的職位，能夠影響資源的分配，並且能夠作出有利於工作場所學習的決定。此外，領導者對其他人的影響力往往是身教重於言教，他們的言行舉止的影響力遠高於他們說的話。本身也是工作地積極學習者的領導者，將開創合適的環境來孕育、肯定，並支持工作場所的專業學習。

當教育界同仁重新組織他們的工作與學校結構，以便支持工作地專業學習時，能夠得到學生家長與社區的支持，是很重

要的。學校上課時課表與行事曆的改變之後,可能使得學童上學的時間延後,或是提早放學,對父母親而言,可能造成極大的不便,畢竟很多家長的工作時程並沒有太大的彈性。因此,很多學校都透過與社區其他機構合夥的方式,替學童設計替代的方案,以便滿足學校內教職員發展的需要,並提供有需要的學童高品質的照顧。教育工作者、學生家長,以及社區機構之間的合夥關係,提供一個可以共同合作的機會,來營造有利的條件以支持上課日就地學習的活動。

最後,決策與評估也是支持專業學習的重要結構。在那些具有多重機會從事工作場所學習的學校中,有關專業發展的決策結構與過程都是分層授權來進行的。因為工作場所學習常常是非正式,而且是高度個人化的過程,因此,有關設計、內容與學習活動的相關決定,最好是交由那些直接會受政策影響的教師來決定。對於教師與校長的形成性評鑑與總結性評鑑,也是明白地將專業工作的評估與專業發展、學生學習,以及學校改善計畫作連結的時機。

(四)個人與團隊特徵

個人特徵也會影響工作地專業發展的品質與結果。學習者必須重視持續學習,並且願意全心投注在工作中的學習,工作地的學習,以及透過工作的學習。教師與校長也必須具備深入思考與批判思考的能力,來面對專業知識與專業工作。學習者

帶著先前的知識與技能到新的學習機會中。反省、分析、應用與詮釋,都是必備的技能,才能將新的知識整合在目前的教學實務中。最後,教師與校長,作為學習共同體的成員,也需要具備人與人之間的溝通的能力,以便與其他人共事,並相互學習。工作場所的學習包括了個人與團體刻意聚集在一起,透過學習的過程來互相支持。

四　工作場所學習:展望與問題

　　「工作地」專業發展呈現給教師與校長豐富多樣的學習機會。同時,也存在許多潛在的限制。我先列舉多項理由來說明「工作地」專業發展為什麼能夠強化學習並改善教學實務。首先,就資源而言,有許多明顯的效率方面的改善。與交通、住宿,還有報名費用有關的直接成本花費,都得避免。而且,很多學習活動是自動自發進行的,只需要在地的專業職能,因此能夠降低外聘諮詢顧問的成本。因為學習活動是就工作地進行,教師與校長可以節省時間。因為時間是一項關鍵資源,不用出差而省下的時間也意味著有更多時間可以作為專業學習活動之用。就工作地學習能夠使新知識與新技能的轉換與應用更為便捷。內含在教師直接工作環境中的專業發展活動比較可能是相關的、實用的,而且可以直接應用在工作需求與生涯目標上。儘管某些工作場所學習是設計給每一個人,表 6.2 所列舉的活動

範圍卻足以涵蓋不同的學習樣式，獨特的需要與興趣，以及不同層次的專業職能與發展。「工作地」專業發展也能增進學校內專業人員的集體知識、專業職能、專業經驗以及專業智慧。如前所述，能夠解決教學與學校領導所面對的持續性挑戰所需要的理念與解決方法，很多都不是在學校外面等著被發掘；它們早已經存在學校中，存在於高度使命感的專業人員的集體能力中。最後，「工作地」專業發展也提供了數不盡的機會，在教師與行政人員之間打造協作性、相互依賴性的關係，以便強化學校自我更新與改善的能力，同時也降低孤立無援的現象。

　　儘管工作地專業學習具有許多優點，還是必須面對一些潛在的困難。人們在工作地所學習到的內容，有可能不是正面積極的。若是欠缺適當的指引從旁協助學習者，如果沒有適當的資源與結構來支持正向的成長，如果沒有把學生學習當成終極使命的核心價值，工作地專業發展很可能將淪落為自怨自艾甚至是島國封閉的心態，從而惡化既有的偏見與劣質的教學實務。任何要解決實務問題的新理念與新觀點，常常都會面臨各種質疑的態度，像是「很好啊，可是」或是「這個我們經歷過了，那個我們試過了，不過如此」等等譏諷心態。為了降低這種在組織內勢力龐大，而且往往對學習環境產生毒害的那群沉迷於負面思考愛唱反調的「害蟲」（negaholics）所帶來的影響力，我們需要發展出有效的推動技巧——包括監督行為、解決問題的策略，以及讓個人的關懷有發聲並得到尊崇的機會。

　　教師、教育行政人員與教職員也可能常常會學到一些壞習慣、不良舉止，或是在學習有關教室管理、教學策略以及評鑑方法等等學習課程時，不按部就班進行，喜歡走捷徑。這些缺點都是可以被完全避免的，或者至少可以被大幅抑制，只要我們深思熟慮注意到新老師以及新的行政人員入職與社會化的適當過程，可以採取的方式是使用督導計畫，或者提供支援人力與指導人員來提供專業知識、情緒與心理方面的支持，並且有必要的話提供額外的資源，以協助他們度過新的學習與放下所學，捨棄錯誤知識的轉換過程。另外一個可能性是，某些高度個人化的工作地專業發展活動可能和學校的目標無關，因此降低了集體能力以及相互依賴的規範。若是沒有有利的條件來支持工作地專業學習，其他負面消極的後果還包括，薄弱的學習成果，對專業實務或是學生學習幾乎產生不了影響；也可能發展出負面消極的學校文化，造就一批士氣渙散的教師；或是由於較低的專業影響力為基礎而逐漸養成的自滿心態與平庸才幹；甚至一些深具理想性，以教育為終身志業的年輕專業教師，也可能在遭受極大挫折感之後，產生不如歸去的絕望失落感受。個人的專業發展機會，連同系統誘因與賞罰制度、績效評鑑、與學校／學區的優先價值，提供了重要的連結關係，將「工作地」專業學習、學生學習以及學校改善目標關連起來。

五　結論

　　Etienne Wenger 主張，人們透過積極參與不同的實務共同體（個人的、機構的，或是公民之間的共同體），將發展出一種意義感與認同感。由於學習被視為一種積極的、整合性的社會過程，Wenger 遂將四個關鍵要素集結起來——共同體、實務、義務與認同。[15] 每一個要素都能夠被用來描述學校內的專業實務共同體。我們所以要投注龐大資源在推動「工作地」專業學習，就是希望藉助於新知識與新技能，改善教學實務，增進學生學習成效。Wenger 提醒我們，還有其同樣重要的理由，支持我們透過專業發展的方式來投資實務共同體。「實務共同體不應該被簡化成純粹的工具性目的。實務共同體重視知識，也重視大家相聚的機會，共同凝聚生活意義，分享休戚與共的身分認定，一起過著像樣的生活」[16]。「工作地」專業發展提供多樣的機會來超越學校內工具性學習的狹隘侷限。在專業學習共同體中，教師、校長、提供支持的成員，以及學生們，一起努力，一起學習，找尋共同分享的意義與身分認定，強化彼此的連結。

　　到目前為止，我們已經討論過教師與校長的工作「中」專業發展與「工作地」專業發展。主要的論證始終是每日例行的工作內容提供了許多專業學習、成長與改善教學實務的重要機會。能夠邊工作邊學習與工作地學習，都是作為一名專業人士

的關鍵面向。接下來兩章將要討論的是工作「周邊」（outside of）與工作「以外」（beyond）的專業學習的風貌。

參觀網址

■ **www.education-world.com**

　　Education World：給教育界同仁的全面性網站。

■ **www.libraryspot.com**

　　LibrarySpot：這個圖書館資源結合最好的圖書館與參考資訊。

■ **www.pbs.org**

　　PBS Online：有關教師專業與一般性課程的資訊。

　　下列網站都是地區性教育研考單位與研究中心，教育界同仁可以透過它們來拓展專業學習機會。

■ **www.ael.org**

　　Appalachian Educational Laboratory (AEL)

　　專長：郊區與鄉村教育。

■ **www.ncrel.org**

　　North Central Regional Educational Laboratory (NCREL)

　　專長：科技。

■ **www.nwrel.org**

　　Northwest Regional Educational Laboratory (NWREL)

　　專長：學校變革過程。

■ **www.wested.org**

Western Regional Educational Laboratory (WestEd)

專長：評量與權責界定。

■ **www.mcrel.org**

Mid-Continent Regional Educational Laboratory (McREL)

專長：課程、學習與教學。

■ **www.prel.org**

Pacific Region Educational Laboratory (PREL)

專長：語言與文化多樣性。

■ **www.lab.brown.edu**

Northeast and Islands Laboratory at Brown University (LAB)

專長：語言與文化多樣性。

■ **www.temple.edu/lss**

Mid-Atlantic Laboratory for Student Success (LSS)

專長：都市教育。

■ **www.serve.org**

SouthEastern Regional Vision for Education (SERVE)

專長：早期學童教育。

■ **www.sedl.org**

Southwest Education Development Laboratory (SEDL)

專長：語言與文化多樣性。

進階閱讀書單

Boud, D., & Garrick, J. (1999). *Understanding learning at work.* London: Routledge.

Collay, M., Dunlap, D., Enloe, W., & Gagnon, G. W. Jr. (1998). *Learning circles: Creating conditions for professional development.* Thousand Oaks, CA: Corwin Press.

Day, C., Calderhead, J., & Denicolo, P. (1993). *Research on teacher thinking: Understanding professional development.* London: Falmer Press.

Hirsch, D., & Wagner, D. A. (1995). *What makes workers learn: The role of incentives in workplace education and training.* Cresskill, NJ: Hampton Press.

Speck, M., & Knipe, C. (2001). *Why can't we get it right? Professional development in our schools.* Thousand Oaks, CA: Corwin Press.

Wenger, E. (1998). *Communities of practice: Learning, meaning, and identity.* Cambridge, UK: Cambridge University Press.

附註 ▶▶

1. Boud, D., & Garrick, J. (1999). *Understanding learning at work*. London: Routledge, 1.

2. Ibid., 4.

3. Ibid.

4. Bredeson, P. V., & Johansson, O. (2000). The school principal's role in teacher professional development. *Journal of In-Service Education*, *26*(2), 385-401.

5. Smylie, M. A. (1996). From bureaucratic control to building human capital: The importance of teacher learning in education reform, *Educational Researcher*, *25*(9), 9-11.

6. Sparks, D., & Hirsch, S. (1997). *A vision for staff development*. Alexandria, VA: Association or Supervision and Curriculum Development.

7. Little, J. W., Gerritz, W. H., Stern, D. J., Guthrie, J. W., & Marsh, D. D. (1987). *Staff development for California*. Joint publication of the Far West Laboratory for Educational Research and Development (San Francisco) and Policy and Analysis for California Education, University of California-Berkeley, School of Education.

8. Bredeson, P. V. (2000). Teacher learning as work and at

work: Exploring the content and contexts of teacher profes-sional development. *Journal of In-Service Education, 26*(1), 63-72.

9. Borko, H., & Putman, R. T. (1995). Expanding a teacher's knowledge base: A cognitive psychological perspective on professional development. In T. R. Guskey & M. Huberman (Eds.), *Professional development in education: New para-digms and practices*. New York: Teachers College Press.

10. Guskey, T. R. (1995). Professional development in education: In search of the optimal mix. In T. R. Guskey & M. Huberman (Eds.), *Professional development in education: New para-digms and practices*. New York: Teachers College Press; Gus-key, T. R. (2001). *Evaluating professional development*. Thou-sand Oaks, CA: Corwin Press.

11. McLaughlin, M. W., & Oberman, I. (1996). *Teacher learning: New Policies and practices*. New York: Teachers College Press.

12. 請參考 Rosenholtz, S. J. (1989). *Teachers' workplace: The social organization of schools*. New York: Longman. Mitchell, C., & Sackney, L. (2001). *Building capacity for a learning community*. Paper presented at the International Congress for

School Effectiveness and Improvement in Toronto, Canada.

13. 有關這些策略與範例在學校的使用狀況的完整說明，請參見 *Time Strategies*. (1994). National Education Association.

14. Ibid.

15. Wenger, E. (1998). *Communities of practice: Learning, meaning, and identity*. Cambridge, UK: Cambridge University Press.

16. Ibid., 134.

CHAPTER **7**
工作「周邊」的專業發展

諷刺的是，有些時候教師與校長能夠有機會一塊工作
的唯一方式就是離開他們的學校。[1]

一　導論

前幾章的討論集中在專業發展「就是」工作、工作「中」
專業發展與「工作地」專業發展的各種學習機會。本章則是要
探索工作「周邊」（outside of work）的專業學習機會。因為教
學與學習並不侷限於教室與學校牆壁內的空間，因此，我們也
應當考量教師與校長的每日例行工作以外的其他因素，看看它
們如何提供各式各樣的場合，得以加深專業知識、增強技能，
並發展更大的個人與集體的專業職能。本章一開始將定義工作
「周邊」的專業發展，並且提供不同的例子來說明學校外部各
種不同的專業學習活動。接下來則將描述學校外部專業發展機
會的常見阻力與限制，並找出學校用來解決這些限制的策略。
第三節則根據這些策略為基礎，詳細說明成功的學習共同體是
如何創造並支持工作周邊的專業發展。本章最後一節則是要描
述學校學習共同體如何分享新知識，增進團隊學習，並透過工
作周邊的個人與集體的專業發展的活動來建構組織能力。

二　工作「周邊」的專業發展是什麼？

　　工作「周邊」的專業發展指的是那些不在工作崗位上（off-site），而且不是教師或是校長每日例行的份內工作與職責的學習活動。表 7.1 列舉多項工作「周邊」的專業發展活動，其中有一些讓你驚訝的項目。大多數都是教師與校長已經熟悉的活動。然而，可能比較不為人所熟知的則是，這些機會是如何被吸納入一個更大的、更具整合力的學校專業發展整體規劃之中。根據定義與設計，這些活動都是已經排除集中化、個人化、焦點分散，而且就個人與學校的成果而言是不確定的活動。工作「周邊」的專業發展包括了範圍相當廣的活動。會議、工作坊與大

▼ 表 7.1　工作「周邊」的專業發展

・會議、研討會與工作坊
・書信往來，現場實地參觀
・定期休假，學習團
・避靜思考
・特殊的訓練課程
・大學課程，遠距教學
・虛擬的專業網絡
・專業協會的會議、報告、出席，參與政府活動
・外部審核的委員會，工作小組，商業與產業夥伴
・暑期進修計畫，暑期班
・經費資助的研究計畫，與大學合作的研究
・參與工會活動──協商、訓練、研究、倡導
・自主研究──閱讀、期刊與其他媒體
・以上活動的任意搭配組合

學的課程，都是結構嚴謹的正式活動。也有非正式的活動，只有模糊甚至隱晦的目標。這些包括了自主學習、定期休假，以及虛擬的專業網絡。

表 7.1 所列舉的這些活動似乎顯示，工作周邊的專業發展是一個無所不包、好壞參半的大雜燴。一方面，多樣的學習機會都促成一個包含批判經驗、知識與專業職能的豐富泉源，遠超過學校的傳統疆界。學習主題、學習管道以及專業人員的多樣性，提供各種機會給各式各樣的專業發展，不僅能夠滿足個人的需要，也能適合不同的學習風格。工作崗位之外的學習有助於與其他成人之間的互動，也有助於打破教師與校長在實體與心理方面的孤立處境。與教育界的專業人士以及教育界以外的專業人士進行社會互動，常常導致新的專業連結與網絡——包括非正式與正式的網絡。

另外一方面，若是缺乏清楚的目標、目的與設計，這些活動依舊有可能只是一些不具連貫性、支離破碎，而且受到侷限的專業經驗而已。在下一節，我將討論工作「周邊」的專業發展經久碰到的一些棘手的阻力與限制，並建議幾種可以化解阻力的作法。緊接其後則是更為詳細地討論，專業學習共同體必須採取哪些措施，才能創造並支持工作「周邊」的專業成長與專業發展。

三 工作「周邊」的專業發展阻力

雖然說工作周邊的專業發展有許多優點與數不盡的可能性，依舊有許多問題與阻力會限制了各種離開工作崗位的學習機會的品質與衝擊；這項認知很重要。表 7.2 中，左邊欄中列舉了專業發展的五個面向。中間欄則節錄一些離開工作崗位的學習所常見的阻力與問題。右邊欄則是指出幾個常見的對策，經過一些學校學習共同體用來化解相關阻力或是減緩這些問題可能導致的不良效果，頗具成效的對策。值得特別一提的是，本節所舉的許多限制與常見問題不僅與本章的討論脈絡有關，同時也是一般性專業發展常見的問題。因此，這些用來解決工作「周邊」專業發展諸多限制的對策，對於化解一般性專業發展必然面臨的挑戰與阻力，一樣具有更廣闊的意涵。

對教育界同仁而言，該表所列舉的阻力與限制，並沒有太多意外之處；許多學者與實務工作者已經詳加闡述與批判傳統專業政策與專業實務。[2] 成功的專業學習共同體所致力解決的第一批活動之一，就是要辨認出任何可能限制學校內專業發展與專業實務的結構性、文化性，甚至政治性因素。這個清單協助我們專注於特定的策略與行動，刪除限制性因素，或者至少可以降低它們對於專業學習的負面衝擊。為了處理可能阻礙學校內專業學習的因素，必須具備一套能夠跨越專業發展五大面向

▼ 表 7.2　工作「周邊」專業發展常見的阻力與限制

專業發展面向	阻力與限制	對策
設計	・個人主義，機會主義； ・無法與其他創新作整合；與學校目標脫節	・系統性思考導向，將專業學習目標與創新做連結 ・整合性專業發展計畫——學區、學校與個人的學習
提供方式	・獨立的單元性，支離破碎 ・沒有後續服務 ・昂貴——時間、金錢、其他資源 ・被動消極的參與——「坐著等」 ・使用與機會受到侷限	・明確的判準來選擇並支持活動 ・分享新知識的系統性過程 有彈性、創造性的使用時間、金錢、人力與物資
內容	・支離破碎，缺乏一致性 ・便捷輕巧的知識，能夠簡化成工作坊的講授形式 ・專注於個人／團體的實務應用，理論支持不足	・明白地和學校／個人的需要與目標做關連 ・採取能夠深化學習的後續策略：反省、對話、實驗、協作與意見回饋
脈絡	・資源不足——時間、金錢 ・欠缺支援結構 ・負面文化 ・學校每日例行工作的負擔	・多重策略來創造時間，產生資源 ・刻意規劃與創造結構與文化來支持學習社群
結果	・對以下面向導致劣質的成效評估： ・個人學習——知識／技能 ・學校需要 ・思考與實務方面的改變 ・對學生學習的衝擊 ・欠缺專業發展的意見回饋 ・規劃與決策 ・成本效益分析的功夫不夠	・系統性評估專業發展的所有面向 ・將計畫與目標納入評估項目 ・將評估納入專業發展設計的一部分

的系統性思考方式。接下來，我們就來詳細說明專業學習共同
體該如何創造並支持工作周邊的專業發展。

四　創造並支持工作「周邊」的專業發展

　　專業發展的既有文獻提供許多清單，分別摘要列舉了不同
學校的成功設計與實務的關鍵特徵。儘管架構有所不同，普遍
存在的共識包括設計、提供方式、內容、脈絡與結果在內的五
大領域當中，必須具備若干關鍵特徵，才能打造成功的專業發
展。[3] 表 7.3 摘要列舉了學校內專業發展要能成功的關鍵特徵。
這些特徵能夠用來理解與描述那些成功整合學習機會的專業學
習共同體，以及那些學習活動依舊只是支離破碎，不具一致性
的學習經驗的學校之間的差異。

　　根據這些特徵，我們或許要問：「在我們學校裡，工作『周
邊』的專業發展學習機會具備這些關鍵特徵的程度有多高呢？」
要回答這個問題，其中一個方式，就是把有否專業學習社群的
學校拿來做比較。在專業學習共同體的學校中，工作以外的專
業發展乃是強化專業與實務改進的主要關鍵因素，而在非專業
學習共同體的學校中，這類活動都是零零碎碎，個別化活動而
且是沒有連貫性的學習經驗。

▼ 表 7.3　成功專業發展的特徵

專業發展的設計
- 教師與教職員積極主動且踴躍參與
- 與學校與學區的長期目標做連結
- 根據審慎評估之後的需要——個人、學校與學生
- 一致性的規劃，展現出核心價值、目標與目的

專業發展的提供方式
- 積極主動的學習機會
- 持續性且延續性
- 得到研究與成功實務的支持
- 種類齊全的活動
- 增強個人與團隊的學習
- 適合成年學習者與從業專業人員

專業發展的內容
- 與主要工作有相關
- 深化專業知識（內容與教學方法方面）與技能
- 有助於改善教學實務
- 與教師工作生活的其他面向有關

專業發展的脈絡
- 充足且持續的資源來支持學習活動
- 時間、金錢、物資、支援人力、機會與空間
- 支持性結構——政策、過程與實務
- 分享新知識的機會，實驗新理念與新作法的機會
- 支持性學習環境——肯定能夠反映出核心價值、承諾與目標的文化

專業發展的結果
- 專注於關鍵結果的有效評估
- 知識與技能的強化
- 教學實務的改善
- 學生的學習成果
- 目標達成
- 成本效益分析
- 對於個人、學校、學區與教育相關人士的其他後果
- 意見回饋機制

（一）整合性／連結性設計

在專業學習共同體中，專業發展是個人與組織成長與發展的命脈。在這些學校中，專業學習的設計，以及它們與組織任務與優先價值的關連，都是刻意而為且清楚闡述的。這些設計的最重要特徵之一，就是一致性。個人與組織的專業計畫都明明白白地和核心價值與使命結合在一起，致力提升並支持所有學生的學習，更高的專業實務標準，以及持續不斷的學習與改善。整合性專業發展設計將看似雜亂無章且伺機而行的崗位外學習活動，整合在一套能夠支持個人成長與組織改善的專業經驗中。透過專業發展的設計，表 7.1 所列舉的許多活動，與組織優先價值與資源之間，得以作連結，而這種專業發展的設計能夠增強對個別學習者的衝擊，並增加達成學校預定成果的可能性。具有整合性專業發展設計的學校並不自許為專業學習的守門員，而是以專業學習機會的提供者自居。重點是，一致性的專業發展設計並不會限制專業學習的機會，它們反而會提供指引與目的來強化專業學習的經驗。

不幸的是，很多教育工作者的經驗都顯示，學校內專業發展的設計不見得必然都具有一致性。大多數的教師與校長都定期參與各種不同的、工作崗位以外的專業活動。然而，大多數學校都欠缺一套具有一致性的專業發展設計。除了政策陳述中有關留薪公假或是停薪公假的規定、有關費用的核銷方式，以

及代課老師的雇用規定之外，幾乎沒有什麼指引來協助教師的專業發展選擇與參與，所根據的只是個人的目標與優先價值而已。因此，儘管個人或許可以增添新知識與新技能，組織能力與學校成效的總體衝擊依舊受到不確定因素的左右。

（二）提供方式與內容

教師與校長對於工作周邊專業發展活動的提供方式，具有重大影響力。作為消費者、規劃者、參與者與評估者，他們能夠影響專業發展提供的品質與模式。工作周邊專業發展活動不管就提供方式的內容或是類型而言，差異都非常大。提供方式選項包括了，與成千上萬名參與者進行會談、教職員工旅遊活動、機構、虛擬網絡，以及個人自修等等不一而足。撇開參加人數或是活動發生的環境不談，研究指出，最有效的專業發展都包含了積極主動的學習；使用許多訓練性策略來提供方式；能夠適合成人專業學習者的需要與興趣；包含個人學習與團隊學習的機會；學習內容密集而且持續一段時間；並且能夠在真實學校的研究與模範實務中得到支持。

專業學習共同體體認到，教學與學習的複雜議題無法輕易地使用那種一次見效的工作坊就可以解決了，那種工作坊總是喜歡請專家驀然現身，高談闊論之後，拍拍屁股閃人。專業學習需要比較長的時間，才能達到深化內容知識、強化教學技能、改善教學實務，並達成加強學生學習這項終極目標。沒有立即

見效的萬靈丹。

Bruce Joyce 與 Beverly Showers 發現，教師需要一組「學習如何學習」（learning to learn）的技能，才能支持他們將新的知識與技能移轉到日常例行教學實務中。[4] 這些技能包括了：(1)恆心毅力（堅持新的理念與方法，即使當教學表現上顯得拙劣，而且教學成效不確定時）；(2)理解到將訓練轉換成實務的過程中所面臨的諸多難題；(3)了解到並能處理學生在接受新方法與新的教學實務時可能面臨的困難；(4)對於他們打算帶入實務的新的教學行為，具有深度的概念性理解；(5)能夠充分且有效率地利用同僚的專業職能；(6)彈性（對新的理念持開放態度，有實驗精神，具有探索與反省的能力）。

教師的每個工作天都很忙碌。如同前幾章所述，工作「中」專業學習與「工作地」專業學習的機會，都是重要的學習場合。儘管如此，它們仍然是有所限制的。因此，能夠在工作周邊學習的機會，例如在特殊的研習會或是訓練課程中，在定期休假這段期間，或者閉關蒐集資料等等時機，都是密集且持續性學習的大好時機。當學習活動和教師工作生活的其他面向產生關連時，學習經驗就比較容易被成功地整合在學校的每日例行教學活動中。

（三）專業發展脈絡：支持工作「周邊」專業學習

　　支持工作周邊的專業發展的脈絡有三大面向：正面積極的學習氣氛、充足的資源，以及支持結構。正面且肯定的學校環境提供機會給各種不同的學習活動。表 7.1 所列舉的活動都是獨立於學校的活動。因此，在學校內的議題就變成，教師與校長是否有管道與機會可以接觸到工作之外的專業學習機會。將新理念、新理解與創新的實務帶入學校中，是學風鼎盛的學校的正字標記。在這些學校中，教師與校長都理解到，作為一位專業人員意味著能夠對信念與實務進行反省，尋找新的資訊，並且持續改善自己的專業職能與專業實務。專業學習文化並不只是允許工作周邊的專業學習而已，它預期而且在實務慣例中將它發揚光大。個人與專業的那種事在人為的高度感受，根源於一種不斷探索且開發可能性的精神。

　　在負面的學校文化中，教師與教育行政人員在個人與專業方面的成就感相當低落，他們被牽連在不具生產力的實務與理念中。他們常常摒棄新知識與新理念的需要，相信他們對於改善學校學生學習的成效無能為力。某些教職員會採取行動來抗拒創新與改善，而其他人則是自外於繁忙的專業實務界，消極的等待著。

　　工作外部的專業學習需要足夠的資源，至於是否足夠資源，

是否能夠分配到足夠的資源，就成了專業發展脈絡的第二個面向。專業學習共同體會去發現，或者在很多情況下會去創造所需的資源（時間、金錢與機會），以增強工作外部的個人與團隊學習。組織優先價值會引導個人的決定以及與以學校為本的稀有資源配置方式，來支持工作周邊的學習機會。由於實際上有數以千計的可能性，問題並不是在學校以外發現專業發展機會，真正的議題是找到能夠滿足教學與學習的優先價值的優良學習機會。

最後，基於充足的資源與支持性的文化，專業學習共同體致力於創造出能夠將工作周邊的專業發展機會加以制度化的結構。[5] 舉例來說，專業學習共同體具備由學校與學區所制定，鼓勵並資助學校周邊的專業發展的政策。他們以深具創造力的方式來組織與利用時間。行事曆上已經內建專業發展的日期，而職責的指派也是彈性使用時間的關鍵領域。專業學習共同體的教師評鑑過程中，也把專業發展的面向納入專業表現的主要特徵之一。專業發展的規劃、實踐與評估當中，有許多系統性過程。最後，專業學習共同體替教師與行政人員尋找能夠分享工作外部的學習成果的方式。同僚的報告、示範、資訊展示、討論群體，以及就地訓練課程，都是將個人學習轉換入團隊學習，增進組織能力的常見策略。

（四）專業發展成果

　　要決定投注在工作周邊的專業發展的資源是不是得到妥善利用，需要專注且嚴謹的評估。這也許是一般性專業發展，尤其是針對工作周邊專業發展的這個領域中，最需要更深入探討的一部分。教師與校長需要知道些什麼，需要能夠做些什麼以便有好的工作表現等等問題，都留給他們自己解決。他們自己決定他們的需要、自己決定怎麼樣去獲得必要資源，然後自己吸收必要的成本花費。除了評估累積的花費對於教師薪水的衝擊之外，學校傳統上對於教師在工作外部的學習所造成的衝擊，並沒有多做評估。對於工作外部，由學校贊助的活動而言，參與者再回到工作崗位之後的期望，通常很低，或是根本不存在。

　　在專業學習共同體中，教師與教育行政人員的學習受到重視，而且以系統性的方式彼此分享。教師與教育行政人員自己對自己的學習負責，不管是工作內或是工作外皆然。然而，這不意味著他們的學習會與學校目標脫節，也不意味著會與大家對學生學習優先順序的共同體認會有所脫節。透過工作周邊專業發展的支持結構、文化與資源，才能統整個別教師的需要與優先價值，以及學校目標和學生的學習。以下幾個關於工作周邊的專業發展的問題，是教師與教育行政人員可能會問的問題：

- 如果有的話，這些學習經驗以何種方式，增加你的知識或是改善你的教學技能？

- 如果有的話,這些學習活動以何種方式,改變你有關你的工作思考與信念?

- 如果有的話,這些學習經驗以何種方式,激勵你去實驗新的理念、新方法,或新的教學實務?

- 在你的專業成長規劃中,這些學習經驗扮演什麼樣的角色?

- 你的學習成果如何影響到學生的學習與學校的目標?

- 有哪些方式可以和其他人分享你的學習成果?

透過回答這些問題以及其他問題,教師、教育行政人員,以及專業發展規劃小組都積極主動地評估介於工作周邊的專業發展以及該項發展對於人與集體目標的衝擊,以及學校對於學生學習的優先價值之間,究竟有什麼樣的關連。

五　分享專業知識:團隊學習

對於教師與校長而言,學校內工作崗位外部存在著許多強有力又多樣化的專業學習機會,這點無庸置疑。到目前為止,本章的討論都集中在學校該如何創造條件與機會,以利於教師與教育行政人員充分利用這些工作周邊的專業學習機會。這些「不在工作崗位上」的學習經驗的核心本質,使得這些學習經驗普遍而言僅僅侷限於少數個人或是為數甚少的教師團體。了解到學校如何充分利用這種私己的專業學習,是很重要的。新的理念、技能以及實務,要如何才能成為學校的集體能力的一

部分呢？團隊學習，表現在學校內的各式各樣正式與非正式的活動中，是成功的學習共同體解決這些問題的方式之一。讓我們來看看我們所謂的團隊學習（team learning）的意義是什麼，學校如何打造學習團隊，以及團隊學習如何將個人知識轉化成集體專業職能。

關於團隊學習的最佳資源之一，應該是 Peter Senge 的許多研究著作。[6] 他將團隊學習描述成一個能夠調整組織並發展組織能力，以創造組織成員真正想要達成的結果的過程。所謂的團隊，是一個大家很熟悉的概念。我們每一個人都有許多關於團隊的經驗。我們從過去的經驗中所學習到的教訓之一就是，光是因為大家肩並肩一起工作，或者被分配在同一的團體裡，並不表示他們就是一個「團隊」。我們的經驗告訴我們，成功與不成功的團隊之間的差異，不管是在學校或是學校以外的團隊，其實是取決於團隊的成員是否有能力將他們的能量調整在一個共同的目標之上，相互學習，認清彼此的長處與限制，並創造出方法來截長補短相互支持，以便將他們的努力結合起來，獲致成功。

成功的學校學習共同體會絞盡腦汁，設法來分享個人透過學校周邊的專業發展所習得的知識與技能，這些方法也反映出 Senge 所描述的團隊學習的關鍵要素。首先，個別教師與教育行政人員所做的有關學校以外學習的各種選擇，儘管有個人興趣在背後，也都能夠和學校更大的學習進程相符合。專業學習的

定位意指教師們對於指引著他們的決定的目標與優先價值，具有共同的理解，他們都知道他們的時間的價值，也知道他們的時間如何能夠對集體的能力作出貢獻。因此，個人到其他學校的訪問，參與訓練工作坊，以及出席研討會，都不只是個人進步的選項而已；這些活動都是和學校的目標與學校的優先價值一併考量的。

其次，專業學習共同體的正字標記之一，就是有能力去除專業知識與實務的私己現象。教師與校長在每天的互動過程中，彼此學習。這些互動過程包括了正式的報告，有關實務模範的非正式的會談、示範、督導、反省性對話、分享素材、團隊教學，以及協力工作等等。團隊學習要能夠茁壯，學校同僚之間必須有相互尊重的氣度；必須有堅強的文化來支持共享的學習；而且教師的每日例行工作中必須內建多重的機會，使他們能夠談論他們的工作、介紹新的理念、反省教學實務，並且共同創造屬於集體工作的意義與理解。

第三，在專業學習共同體中，教師與教育行政人員互相認知到彼此的長處與限制，並且發展出能夠截長補短的方式，結合共同的努力，以便達成共享的目標。當學校的目標與優先價值被視為個人的責任與任務時，人們會非常努力工作，但是他們的努力常常是零零碎碎且過於分散。團隊學習背後的理念正是藉著專業知識與專業技能的分享，教師們將彼此的能量與專業職能共同結合起來所凝聚的潛力，將遠甚於單獨個人的能量

與專業職能的加總。當我們在思考學校的專業知識與專業職能時，波士頓塞爾提克隊（Boston Celtics）的 Bill Russell 提供我們有關個人與一個成功的團隊之間的關係的深刻洞見，他說：「我們團隊成員各有專長，就像任何領域中這種由專家所組成的團隊一樣，我們的表現取決於個人的卓越表現，以及良好的團隊默契。每一位隊員都很自然地理解到我們必須互補各自的專長；這就是事實，而且我們嘗試各種方式，尋求能夠將我們的團隊力量發揮到極致的方式」[7]。想像一個學校中，每個成員都很自然地理解到個人的努力必須與同僚的專業職能與專長互補；每個人都嘗試找出能夠共同合作，替學生學習與專業成長創造更好環境的方式。這正是專業學習共同體的本質。團隊學習將個人學習由工作外部的專業發展轉換成集體的能力。接下來，我們將看看三個例子，它們分別說明團隊學習如何能夠促使教師與校長來分享他們透過工作外部的專業發展所學習到的知識。

團隊學習的實際操作：三個花絮

展示與示範。舊金山的探索博物館（Exploratorium Museum）在每年暑期都會贊助一項密集、為期一個月的物理科學研習營。[8]該博物館向來以各種互動式展覽著稱，使用實物來示範包括聲波、慣性與導電性在內的各種自然現象，此外，還提供教師各式各樣可以立即上手的專業發展活動。在暑期研習營

活動過程中，參與者每天都會花三個小時的時間，和生物學家、物理學家，還有科學與數學的專業教師在一起工作。除了這些

實驗室課程以及教學活動之外，教師們也可以使用博物館的工作坊來打造各種不同內容的小型展覽品。活動結束之後，教師們可以把他們的迷你展覽品帶回服務學校，和他們的同僚與學生分享他們的學習成果。不管是將作品擺在展示櫃中，

參觀網址
www.exploratorium.
edu

正式的成果報告，使用展覽品來做教學示範，或是這些展出過程中與參觀者進行的非正式意見交流，都是屬於成本低廉但是卻非常有效果的策略，來分享工作崗位之外的學習中所得到的專業知識。

海報展示。根據我自己過去二十多年來在研究所講授教育領導相關課程的經驗，我曾經實驗過多種方式，讓學生可以彼此分享他們在個人研究或是學校改善計畫中所學習到的成果。專業分享活動中，最具互動性表現力的方式，就是所謂的「海報展示」。學生各自準備通常是那種三折式的海報，陳列在桌子上，透過視覺圖像的方式傳達關鍵的理念、發現以及研究主題。如同大型專業研討會的海報展示一樣，表現在個人的海報裡頭的各種視覺圖像與資訊，常常能夠吸引許多讀者的關注目光，進而與展示者就相關主題進行深入對談討論。那種「坐下來等著聽」的專題報告中，報告人控制著整場報告的流動、時間，甚至資訊出現的順序；相較之下，海報展示則純粹是互動

式的對談，允許參與者提出討論問題，導引學習過程，並且可能以展示者都預期不到的方式進行溝通。這是由報告者充當**解說員**（guide on the side），而非**講台上先知**（sage on the stage）的最佳範例。海報展示提供一種高度動態的形式，讓專業同僚能夠分享新知識、個人興趣，以及最近學會的技能。

　　訓練課程。各種為了與工作同僚分享專業知識與技能的訓練活動中，最具結構化的活動之一就是訓練工作坊。畢竟要將為數眾多的教職員通通送出去做專職訓練，花費甚鉅，而且背後的後勤資源勢必相當龐大，因此學校通常僅能負擔一位或是少數幾位教師前往接受專職訓練。訓練種子教師的模式有許多顯著優點。一旦訓練完成之後，在地的訓練人員可以在工作地點就近做初步的示範與訓練，以及長久下來的後續支持與教練。我們從研究與實務智慧中知道，在教學或是行政業務方面的任何重要的改變，都必須花費相當長的一段時間，讓學習者練習，實驗新的理念，接受指導，接受教練的回饋，最後才能將新的思考與策略整合並落實在目前的例行業務中。對於在地專家訓練的投資，可以加速新資訊的傳播，並提供關鍵的資源來維持有效的實務。

六 結論

工作「周邊」的專業發展擴展教師與教育行政人員專業學習機會的視野。成功的學校學習共同體能夠找到方法來刪除，或至少和緩工作崗位之外的學習所面臨的阻力與限制因素所造成的影響。使用一種系統式思考方式，學風鼎盛的學校可以將專業發展設計、提供方式、內容、脈絡與結果的一系列能量與資源，導向正確一致的方向，以便增進學習、改善教學實務，並達成學生學習的終極目標。最後，工作周邊的專業訓練可能得透過個人的中介來進行，但是它也能透過一個具有共享目的與使命的團隊學習的方式來增強力道。

參觀網址

■ **www.nsdc.org**

　　National Staff Development Council

■ **www.ed.gov**

　　U.S. Department of Education

■ **www.ed.gov/inits/teachers/development.html**

　　協助教師完成高品質的專業發展。

■ **www.naesp.org**

National Association of Elementary School Principals

■ **www.nassp.org**

National Association of Secondary School Principals

■ **www.aft.org**

American Federation of Teachers 是 American Federation of Labor-Congress of Industrial Organizations（AFL-CIO）的一部分，成立宗旨是要改善會員及其家人的生活，並且替他們在專業方面、經濟方面與社會方面的正當權益發聲。

■ **www.cgsnet.org**

Council of Graduate Schools 以改善與增進研究所教育為宗旨。該會成員包括研究與學術導向的學院與大學，替進修高等學歷的候選人進行準備。

■ **www.distance.gradschools.com**

透過遠距教學方式取得研究所文憑的各種資源。

■ **www.hol.edu**

Heritage OnLine Continuing Education for K-12 Teachers 提供超過九十多種可以在家裡上課並按照進度與程度自行調整的課程，隨時開課，修業期限為一年。

■ **www.uni.edu/profdev**

UNI Online Professional Development 也就是 University of Northern Iowa Professional Development for Educators Program，主要宗旨是要提供高品質的學習環境，卓越的教學團隊，個人化的學

習環境,以及真正的學習共同體感受。

■ **www.ncrtl.msu.edu/about.htm**

National Center for Research on Teacher Learning(NCRTL)展現出開創性的遠景與研究目標。在 Office of Education Research and Improvement, U.S. Department of Education 經費贊助之下,1985年成立於 Michigan State University's College of Education,該中心強調教師學習的重要性,並且自我期許在這個嶄新的研究領域中拔得頭籌。

■ **http://www.gse.berkeley.edu/outreach/bawp/bawp.html**

Bay Area Writing Project(BAWP)是加州大學柏克萊校區與舊金山灣區多所學校協力推動的一項計畫,宗旨是改善所有年級與所有學科的學生寫作能力與寫作教學的相關課程。該項計畫還包括一個教學示範教師所組成的網絡,從幼稚園到大學教師都有,人數正在不斷增加。該項計畫也替教師與教育行政人員開設各種專業發展計畫,從暑假或甚至整年都有。作為 National Writing Project 的旗艦計畫,BAWP 計畫的成功經驗已經被移植到全美超過一百六十多所學院與大學中,以及五所外國的教學機構。

■ **http://csmp.ucop.edu/**

California Subject Matter Projects(CSMPs)是一個針對九項學科而專門設計的專業發展網絡。全美共有一百零四個據點。以下是這九項計畫:

California Arts Project

California Foreign Language Project

California History-Social Science Project

California International Studies Project

California Mathematics Project

California Physical Education and Health Project

California Reading and Literature Project

California Science Project

California Writing Project

■ **www.dade.k12.fl.us/pers/prodev/tec.htm**

Dade-Monroe Teacher Education Center（TEC）提供專業發展訓練機會給教育界同仁，增進他們的專業成長，並更新其教學專業執照。TEC 也贊助多項專業計畫。包括專業研討會與討論會，教育學習之旅，實習生督導計畫，以及暑期密集訓練班。這些課程均不收取費用，不過有些時候參加學員還是得自掏腰包購買書籍。

■ **www.dade.k12.fl.us/pers/prodev/data.htm**

Dade Academy for the Teaching Arts（DATA），是一個專業能力改善計畫，主要服務對象是包括數學、英語、科學、社會科學、外語，或是資賦教育的初中與高中教師。DATA 在每個年級挑選出一名教師，提供他們為期八週的校外實習機會。參與教師在這段期間得以免除所有的教學工作與任務，以便專心進行研

究計畫，參加工作坊與研討會，討論的議題也都是與當前的教育議題有相關。這項 DATA 計畫位在 Miami Beach Senior High School，與學校計畫同時進行。

■ **www.memphis-schools. k12. tn. us/admin/tlapages/academymission.htm/**

Teaching & Learning Academy 的服務對象是在曼菲斯市立學校服務的所有教師，目的是透過高品質的專業發展經驗，有效的教學與學習機會，創新的領導統御風格，以及學校設計要領等等方式，引領教師們進行專業成長與發展，以確保學生能夠接受到高品質的教育。

針對曼菲斯市立學校的所有教職員工所提供的專業發展計畫，乃是以 Teaching and Learning Academy 為主要執行中樞，該單位是由學區與社區所共同出資成立的，具有最先進的設施。該校購買設備，至於 Partners in Public Education（位於曼菲斯市，支持學校改革的一個非營利組織）則負責協助創新過程。該學院於 1996 年 4 月開始運作。類似的單位在全美相當罕見，屈指可數。

■ **www.nhc.rtp.nc.us:8080/tserve/tserve.htm**

TeacherServe from the National Humanities Center 是一個專為教師設計的互動式課程改善服務。

■ **www.ga.unc.edu/NCTA/NCTA/index.htm**

North Carolina Teacher Academy 是由 North Carolina General Assembly 出資成立的教師專業發展計畫。該學院的宗旨是要藉著

提供高品質的專業發展資源，來支持教師的持續學習目標，主
要涵蓋領域包括學校領導，教學方法，核心內容，如何使用現
代科技來增進教學活動並加強學生學習成效。

■ **www.oregoned.org/teaching_and_learning/index.htm**

Oregon Educational Association（OEA）網站上有關教學與學習
（Teaching and Learning）方面的網頁特別針對各種與OEA會員
息息相關的各種專業議題，包括了執照審核制度，持續性專業
發展的相關資訊、訓練、社交機會，以及教育改革相關議題等
等。其宗旨是要確保奧勒岡州的公立學校教師能夠具備高品質
的專業本領。

■ **www.nfie.org/publications/centers.htm**

The NEA Foundation for the Improvement of Education.

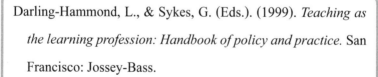

進階閱讀書單

Darling-Hammond, L., & Sykes, G. (Eds.). (1999). *Teaching as
the learning profession: Handbook of policy and practice.* San
Francisco: Jossey-Bass.

Eraut, M. (1994). *Developing professional knowledge and com-
petence.* London: Falmer Press.

附註 ▶▶

1. Bredeson, P. V., & Scribner, J. P. (2000). A statewide professional development conference: Useful strategy or inefficient use of resources? Retrieved July 1, 2002, from http://epaa.asu. edu/epaa/v8n13.html

2. 例如，Sparks, D., & Hirsch, S. (1997). *A new vision for staff development.* Alexandria, VA: Association for Supervision and Curriculum Development. Little, J. W. (1997). *Excellence in professional development and professional community.* Working paper. Washington, DC: Office of Educational Research and Improvement. Darling-Hammond, L., & Sykes, C.(1999). *Teaching as the learning profession: Handbook of policy and practice.* San Francisco, CA: Jossey-Bass. Lieberman, A. (1995). Practices that support teacher development: Transforming conceptions of professional learning. *Phi Delta Kappan*, April, 591-596.

3. Bredeson, P. V. (2000). Teacher learning as work and at work: Exploring the content and contexts of teacher professional development. *Journal of In-Service Education*, *26*(1), 63-72.

4. Joyce, B., & Showers, B. (1995). *Student achievement through staff development: Fundamentals of school renewal*

(2nd ed.). White Plains, NY: Longman.

5. Bredeson, P. V. (2001). Negotiated learning: Union cont racts and teacher professional development. *Education Policy Analysis Archives*, 9(26). Retrieved July 1, 2002 from http://epaa.asu.edu/epaa/v9n26.html

6. Senge, P. (1990). *The fifth discipline: The art and practice of the learning organization.* New York: Currency Doubleday. Senge, P., Kleiner, A., Roberts, C., Ross, R., & Smith, B. (1994). *The fifth discipline fieldbook.* New York: Currency Doubleday. Senge, P., Kleiner, A., Roberts, C., Ross, R., Roth, G. and Smith, B. (1999). *The dance of change: The challenges to sustaining momentum in learning organizations.* New York: Currency Doubleday.

7. Senge, P. (1990). p. 233.

8. Retrieved July 1, 2002, from www.exploratorium.edu

CHAPTER **8**
工作「以外」的專業發展

> 好的老師所發揮的樞紐作用並非以方法為核心,而是
> 以他們的心靈作為連結中樞——意指心靈這個字眼的
> 古老意涵,是智性、感性與靈性融會在人類內心的所
> 在地。[1]

一 導論

大家都知道,學校教學與學校領導的工作並不只是專業知識與技術性技能的應用而已。本章就是根據這樣的理解,來說明工作「以外」(beyond)的專業發展。工作以外的專業發展包括了各種在工作與學校以外,和教學實務沒有直接關連的成長經驗與學習機會。工作之外的專業發展專注於各式各樣能夠讓教師與校長的心靈、心智、靈魂與熱情得到滋養的學習與成長的機會。我承認,前面幾章所描述的許多學習機會或許已經觸及且激勵起這些人性的面向,但是不管是專業發展「就是」工作、工作「中」專業發展、「工作地」專業發展,或是工作「周邊」專業發展的相關討論,都沒有直接針對本章要探討的工作以外的專業發展。

或許有人會問,工作以外的專業發展是否滿足第二章所定

義的專業發展的幾個標準呢？答案非常明確，是的。首先，工作之餘的其他興趣，例如旅行、組織樂團、攝影、心靈探索，以及園藝等等，都具有成為豐富的學習管道的潛能。其次，我們的焦點是在工作以外所進行，而且能夠鍛鍊教師與校長的創造與反省能力，讓他們在不著痕跡的狀況下成長蛻變的活動與經驗，而不是與例行教學工作完全脫軌的休假。第三，工作以外的專業發展透過各種能夠滋養與活化教師與校長生命與工作的人類特質，也會影響專業工作的品質。

在教學與學校領導方面，個人經驗與專業經驗該如何相輔相成的問題，仍舊是有待開發的疆界。我個人對於這塊未知疆界的探索，受到 Parker Palmer 的深遠影響。我曾多次聆聽他的演說，並且反覆閱讀他的兩本著作：《以我們被認識的方式去認識》（*To Know as We Are Known*），以及《教學的勇氣》（*The Courage to Teach*）。[2] 這些著作以及它們所帶給我的震撼，賦予我站出來的勇氣，走出傳統學術研究與寫作的屏障，如履薄冰似地開始探索專業學習、工作與生活如何相輔相成的議題。這也將是本章的主題。

專業發展的嶄新建築藍圖強調成功設計出能夠滋養教師與校長的智性、情感與精神面向的學習機會的重要性。在一個專業學習與成長的嶄新建築中，工作以外的專業發展有助於整合教育工作者在工作、生活與個人身分認定等方面，屬於內在與外在的世界，創造並彰顯整體性。專業發展的傳統模型以及所

屬的定義特徵，向來僅關注於增強教師知識、技能、與實務的
「最佳作法」。本章的目的則是要說明，專業發展的嶄新建築
究竟是以哪些方式來處理教師與校長的整體性將他們的專業學
習以及服務學校加以轉型的議題。

二　拓展並深化我們對於專業發展的理解

　　當我們還是學童的時候，每個人可能都曾經經歷過與教師
或是校長不期而遇的狀況——不管是在超級市場、在音樂會，
或甚至在河中划船時。以我自己的經驗來說，看到我的五年級
導師 Miss Gripp 在當地的 Piggy Wiggly 雜貨店挑選早餐的玉米
片口味，是有些奇怪。或多或少，我大概無法相信她除了在Fair-
view 小學任教之外，還有其他的生活吧。儘管我們知道教師與
校長也是「活生生的人」，不過他們的另外一面，他們的個人
生活，或多或少依舊是隱而未顯。教育工作者常常會強化對於
教師與校長的這種單純看法。因此，傳統的專業發展往往對於
教育工作者在技術面向以外的生活與工作保持緘默，一點也不
讓人感到意外。能夠激勵教學與學校領導的熱情、情感、熱忱
與靈魂，始終處在幽暗角落，不為人知。

　　Parker Palmer 認為，教學以及（我補充的）學校領導，就像
是每天都要經歷的易受害過程（daily exercise in vulnerability），
因為每個過程都發生「**在個人生活與公共生活的危險交會地帶**[3]。」

對某些教師與學校行政人員而言,這種緊張關係與個人的成本實在是太高了。於是他們懷憂喪志,放棄自己的學習與成長機會。為了避免暴露自己、逃避失望、閃躲各種譏諷,他們寧願想辦法切斷自己與學生、與部屬,甚至與他們自己的連結。我們大多數人一定很熟悉包括**心力交瘁**、**擺爛**、**槁木死灰**,以及**習慣性負面思考**在內的各種字眼。這些字眼描述學校裡頭有些已經開始用應付了事的心態來面對工作的同事。他們缺乏能量,欠缺熱誠,他們已經不願意懷著真誠的態度處理每日例行工作所面臨的各種緊張關係與脆弱處境。在諸如學校這種複雜的組織裡,一旦專業文化讓他們感到不舒服,甚至對他們的個人真實面貌與身分認定的領域感到不信任,只會更助長那些負面情緒。在這樣的處境下,工作以外的專業發展該如何協助教師與校長跨越個人生活與專業生活之間,那塊危機四伏的交會地呢?

最明顯的答案是,教師與校長應該在工作中表現出他們的真實面貌。舉例來說,我們知道好的教師能夠帶著喜悅與自信,成功地協調個人活動與專業活動。「教學的勇氣就是要讓自己的心靈保持敞開的勇氣,特別是當心靈被要求要承擔過載的責任時,唯有如此,教師、學生與學科都才能夠交織成一個學習與生活所必備的共同體架構中」[4]。工作「以外」的專業發展必須以這些成功為基礎。它的要求不光只是技術、新知識與進階訓練。它要探索兩個疆界——工作以外的疆界,以及教師與校長心靈深處的疆界。

　　工作以外的專業發展將教學、學習與生活之間，幾個往往是支離破碎、或者是彼此交戰的面向，聚合在一起。「為了充分釐清地貌，必須採取三條重要的途徑——智識方面、情感方面與精神方面的途徑——缺一不可。若是將教學簡化成智識活動，就變成冰冷的抽象思考；將教學簡化成情感活動，就變成自怨自艾的自戀情節；若是將教學簡化成精神方面的活動，將會失去真實世界的踏實感。智識、情感與精神，彼此依賴，共同構成一個整體。它們交織在人類自我中，而教育是最佳展示場」[5]。我們的探索將從教學與領導的幾個面向開始，這些面向結合起來就不只是一組專業能力與例行性的表現而已。

三　技巧以外

　　除了一些顯著的例外之外，以教職員發展為名的傳統方案多半專注於各種具有實用性且能立即解決每日教學需求的策略與技術。要檢驗一下這項陳述，只要瀏覽任何一場主要的專業研討會的議程。有多少場次的活動都是用來討論最新的技術？討論最佳作法？專業人員想要獲得有系統的步驟與技術，以及能夠解決實務問題的立即解答，這點是可以理解的。教學與學校領導都是非常複雜而且吃重的專業角色，必須具備各種專業技術、熟能生巧的技能，以及實作的習慣，來協助他們有效且迅速處理工作上的需求。

然而，要有卓越的教學與有效的學校領導，光靠技巧是不夠的。我們只要觀察一下新手與專家在使用某一種技巧時的差異，就可以了解到，高度有效的專業實務不光只是牽涉到使用最新技巧而已。Parker Palmer 指出心理治療師的訓練過程中常見的一句諺語，**所謂技巧，就是在心理治療師到場之前你需要使用的方法**。「好的方法可以協助心理治療師找出一條解決患者精神困境的途徑，但是好的心理治療過程則是直到真實生活的心理治療師加入患者的真實生活之後才算開始」[6]。同樣地，教育的技巧可以幫助新手教師與專家教師評估學習者的需要，並設計合適的教學活動。然而，只有當各種技巧面臨人與人之間的真實連結發揮不了作用，讓教師與學生同時經歷學習過程中的脆弱性與興奮感時，活生生的教師才告現身。

既然卓越的教學不能光靠技巧，高品質的專業發展就必須包括各種能夠滿足教師在方法與技巧之外的其他需要的學習機會。Parker Palmer 主張：「好的教學不能夠被簡化成技巧；好的教學必須源自教師的身分認定（identity）與整全人格（integrity）」[7]。好的教師與校長並不需要掩飾他們的真實自我。他們的教學與領導理當自然而然地表現出他們的本性。每一個個人都是生活經驗、社會角色，以及生活與工作期望的複雜整合體。如果 Parker Palmer 的主張是對的，如果卓越的教學的確源自身分認定與整全人格，那麼，工作以外的專業發展要如何因應，才能強化教師與校長的專業身分認定與整全人格？為了能夠增

強這些面向的學習經驗，要如何促進專業成長，並強化專業實務？我們先從身分認定與整全人格的定義開始；接著再來說明工作以外專業發展要能夠顧及專業表現的這些重要面向的核心特徵。

個人的身分認定源自個人經驗、互動，與各種關連的複雜混合體，是我們為人處世的基礎。Parker Palmer 將身分認定定義為：「內在力量與外在力量的移動交會處，是我之所以是我的根源，匯集在作為一個人這個的互古難解的謎團中」[8]。Etienne Wenger 將身分認定關連到我們每一個人身為不同的社會共同體──包括專業實務共同體在內──的成員的各種經驗的調解意義。那麼，身分認定是透過什麼樣的方式過渡到真實生活中呢？

舉例來說，我的身分認定來自於以下各種角色來源的聚合體：我在中西部一所研究型大學擔任全職教授、白人、男性、挪威後裔、丈夫、吉他手、祖父、教會元老以及園丁。這些只不過是構成二十一世紀初的我的個人身分認定的複雜交錯關係中的各種社會角色與經驗的一小部分而已。這些瑣碎的個人自傳與經驗，形塑了我的身分認定，並協助定義我是誰。他們不可分割地嵌植在我自己的學習與專業工作之中。

身分認定、社群共同體以及專業實務之間的連結，非常重要。在社群共同體的形成過程中，以及在我們的專業實務中，我們隨時都在調解與改變我們的身分認定。「這種調解過程可能無聲無息；參與者可能不必然會直接討論到這個議題。但是，

不管他們是否直接處理這個問題，他們總是得和其他人互動，彼此產生關連。不可避免地，我們的實作過程就必然得面對如何成為一個人這個深層的議題」[9]。那麼，身分認定究竟是透過哪些方式，賦予個人的生活目的與工作意義，並加以整合呢？Parker Palmer 提供了一個答案：「人格的完整性使我必須找出我的自我屬性中的主要部分，去蕪存菁，保留相符元素，剔除不相符的元素，並且要求我必須選擇賦予生命的方式，和我內心匯集的各種力量產生關連」[10]。透過整全人格，個人的身分認定才具備獨特的形狀與力量。

　　整全人格並非承繼而來的特質，而是源自主動的選擇，以及對自己的學習與生活的反省。整全人格包括一種整體感與統一感，那是能夠將各種社會互動、角色與形塑我們的多股力量匯集起來，一些看似混雜片斷的拼貼經驗拉在一起的統一感與整體感。整全人格的重要性不僅在於使得這些紛雜力量能夠維持和諧一致，更重要的是，即使面對矛盾雜亂的元素，整全人格依舊能賦予生命的意義與生活的目的。因此，我們能夠降低生活中各個面向——個人的、智識的、專業的、社會的、政治的、情感的與精神的層面——之間那種支離破碎的情況。如果好的教學與領導實務必須以身分認定與整全人格為基礎，那麼工作「以外」的專業發展就提供一套可以滋養彼此，並增進個人成長與改善專業實務的管道。接下來，我們將討論讓教育專業人員的心靈、心智與靈魂能夠得到滋潤與提升的各種泉源。

四 工作「以外」的專業發展旅程

本章稍早將工作「以外」的專業發展定義為在學校以外，與工作沒有直接相關，但是能夠讓教師與校長的心靈、心智、靈魂與熱情得到滋養的經驗與學習機會。這個定義讓我們得以開展至少兩個非常不同的專業發展旅程。第一個旅程就是照字面上的意義來看，超脫學校與工作的界限之外，範圍廣大的各式各樣個人與集體的經驗，讓教師與校長的人生經驗得以提升的歷練。第二個旅程則是走向內在，擺脫每日例行工作的枷鎖，探索教師與校長的身分認定與意義的內在圖像。

（一）外部旅程

我們先從「外部」（out there）旅程開始——意指實體上位於學校與專業工作環境以外的學習與成長經驗與機會。外部旅程可能包括諸如個人嗜好、旅行、社區服務計畫、休閒活動，甚至探索另外一條生涯規劃的可能性等等在內的多種經驗。它們並非為專業發展而量身訂做，甚至和工作毫無關係，然而，每一項經驗都將成為生活經驗中，能夠連結個人的身分認定、整全人格、社群共同體，以及專業工作的總匯整體中的一環。我在第一章曾經使用一趟瑞典北方的旅途為例，來說明何謂工作以外的專業學習機會。這一趟到瑞典極北地帶、深入北極圈

的莎米族露營營地的經歷,究竟對我自己的個人與專業成長產生什麼影響呢?

很多年前,多位國際學者應瑞典優密歐大學的邀請,到瑞典參加學校行政人員的重要研討會,我也是應邀出席的學者之一。這項正式的邀請,以及我必須出席研討會多個場次的要求,是我此行的工作。因為在正式場合中報告,已經是我的專業工作的常態,所以我剛剛描述的這些內容根本算不上是能夠在工作以外增進專業發展經驗的優點。這趟旅程專為參加研討會而來,就只是這樣的經驗而已。

負責接待我們的瑞典主辦單位邀請我們幾位報告學者在研討會開始之前,到世界上緯度最北端的齊魯那科蒙(Kiruna Kommun)學區參觀訪問。同樣地,參觀學區,儘管是一個非常特別而且地處偏僻的學區,也依舊是我的日常工作項目之一。這趟旅程後來之所以成為如此豐碩的學習機會,則是因為我們參加一趟莎米村落的訪問之旅,這是一趟學區以外、研討會以外、我的工作以外的教育之旅。我使用這次的個人經驗來說明工作以外的歷練也同樣具有可能性與力量,能夠增強專業思考與專業實務。

為期兩天的會議前的旅程先從我們在傍晚抵達之後,歷時四小時的文化三溫暖開始。重頭戲是一桌豐盛饗宴,充滿各種地方特產、烈酒,以及定期到三溫暖享受一番,再加上地方民間故事,最後壓軸則是在著名的祖卡斯賈維冰雪旅館(Ice Hotel at Jukkasjarvi）歡度良宵。鮮明的影像歷歷在目，難以忘懷——極地酷寒空氣的寒意，在一個充滿異國風情、由冰塊堆砌而成、設備齊全的房間裡頭，冰塊雕刻而成的冰床、家具、還有擺設。鹿皮製作的被褥傳來的刺鼻氣味，以及熱騰騰的野梅汁（lingonberry）特有的濃郁香味，迎接我在北國經歷的第一個早晨。第二天我們搭乘雪橇到好幾英里之遙的冬季露營地，我們在那裡把馴鹿當成玩套索的目標，舉行雪橇競速比賽，並且在一個用鹿皮搭建的帳棚底下享用火烤鹿肉、麵包、黑咖啡。一整天都充滿了歷險與新奇經驗。

　　儘管這些個人經驗是這麼的讓人難忘，我們的問題依舊存在：這些經驗和專業發展與專業工作有何關連？我相信這些工作之外的的經驗已經被吸納交織成為我的身分認定、整全人格、共同體感，以及專業工作整體的一部分。我有機會接觸到一個和我自己的世界觀截然不同的獨特文化。對於我們造訪的莎米族人而言，幾百年傳承的文化傳統存在於一個遙遠的原始冬季露營地，同時還有行動電話以及頭頂上不時出現的、專程來欣賞馴鹿群的直昇機旅遊行程，代表了他們在極地圈內的矛盾卻又相容的生活內容。我對於現代世界的生活與專業工作的假設與理解，遭受挑戰。這種不和諧感創造出一種緊張關係，拉扯我的思考，折騰我的存在。對我而言，這真的是一次既豐碩又強烈的學習經驗。北極圈內生活的那種孤獨與安詳，讓我不禁想到我的生活、我的工作、我的教學中，這兩個特質的處境。

在我的世界中，孤獨與安詳已經是即將瀕臨絕種的特質了。和偉大的傳統的連結感，則是北極之旅帶給我的另外一項課題。莎米族人的生活就是活生生的歷史教材與文化資產，不僅指引著族人每日生活作息，也和好幾百年以前的列祖列宗產生跨越時空的連結感。我體認到，身為教育工作者，我也是歷時數百年之久的文化傳統中的一部分──教學與學習。這點特別重要，尤其當教育工作者持續遭受抨擊，伴隨著持續不斷要增加權責界定的呼聲，以及要引進最新最先進的理念的各種訓誡聲浪之際。這段旅程是探險性學習的範例，再次提醒我直接經驗的重要性，因為直接經驗終究是新的學習與新的知識的基礎。兩年之後，當我回顧那次旅程時，「在地性」（localness）這項特質總是特別突出。儘管置身在遠離都市與都會活動的主要交界道之處，依舊有豐富且獨特的學習與生活可能性。最後，遠道之旅也讓我的血液中重新澎湃起一股讚嘆與敬畏感，並且分泌強烈的腎上腺素，來伴隨思考、學習與生存的新方法。

當然了，並非所有的生活體驗都是專業學習與專業成長的合適時機。John Deway 在數十年前就提醒我們，並非所有的經驗都是具有教育功能的。只有當經驗讓我們更深刻地反省經驗、我們的生活與工作時，工作「以外」的專業發展才是真正專業的教育經驗。這些反省就成了獲得新知與新了解，將生活、學習與工作整合在一起的渠道。

如果有的話，學校應該扮演什麼角色，來贊助並鼓勵這種

看似非常個人化，卻極有效果的學習機會呢？首先，學校必須
了解到，專業發展不只是訓練技巧而已。教師與校長可以透過
許多讓生命更豐富的機會來增進學習與成長，並改善教學實務。
其次，學校能夠移除許多在合約、政策與結構方面，對工作以
外的學習機會造成限制的傳統阻力。舉例來說，學區可以透過
諸如生涯休假政策以及個人探索休假政策（不管是留薪或是停
薪）、彈性合約，以及創造性的時間與日常工作行程表的安排
等等方式，讓學校與工作以外的歷練成為可能。[11]第三，就工作
以外的專業發展而言，學校需要扮演比消極的守門員更為積極
主動的角色。他們能夠藉著提供資訊、鼓勵參與，以及發展正
式與非正式管道讓教師們分享彼此經驗的方式，肯定工作以外
的學習機會的重要性。

（二）內部旅程

　　在工作的傳統疆界之外的專業發展也包括內部旅程──超
越技巧與工作任務之外，對於工作、生活與學習之間的關連，
進行更深入的意義與理解。Parker Palmer 替這種內部旅程建議一
條途徑──發展專業論述的社群共同體：讓教師與校長可以討
論工作，但是卻以超越傳統上那種敷衍應付的客套對話的方式
而進行的場所。「如果我想要教書教得好，我就必須探索我的
內在疆界。但是我可能在那裡迷途，開始自我催眠，甚至進入
自說自話的迴圈。所以我需要學習共同體的同僚論述所提供的

指引——這還不包括這樣一個共同體能夠提供我在教學的道路上繼續堅持下去的動力，以及由每位夠資格的教師的個人貢獻所共同累積的集體智慧」[12]。內部旅程將是工作以外專業發展的一個機會。

　　內部旅程對於工作以外的專業成長與發展的支持，至少透過三個重要的方式。傳統上，教師與校長之間會針對教學方法與教學實務的最佳作法交換意見，但深度反省與深度對話的深入程度卻遠遠超過這種傳統作法。為了探索教學、生活與學習的內在疆界，我們必須使用的方法，是工作坊與傳統的教職員發展活動所罕見的方式。「儘管有關技巧的對話可以讓我們得到『實用性』解答，然而，如果只是討論技巧，對話過程反而僵固不前：教學中與人有關的議題遭到忽略，而擔任教學的人也會有遭到忽略的感覺」[13]。內部旅程注意到學校教學與學校領導中，與人有關的面向——教學與領導的喜悅、挫折以及不確定性。內部旅程，在個人與集體反省與深度對話的規範之下，也將在價值、使命、信念與個人行動之間建立關連。這些對話將目標與意義帶給個人生活與專業生活。最後，內部旅程也不是孤立的行動；它得到同僚的支持，因為他們也分享著教學與學習的易受害性與喜悅。基於內部旅程的重要性，學校可以採取哪些方式來支持這些透過有關教學、生活與學習的深度對話而獲得支持與力量的實務共同體呢？

　　專業學習共同體透過各種方式來支持教師與校長的內部旅

程。專業學習共同體重視那種能夠探索學校教學與學校領導中，內心深處的對話。學習共同體具有強烈的文化規範，推崇那些能夠將同僚之間連結在真正的實務共同體的專業身分認定與意義。專業學習共同體也想辦法創造必要的時間與時機，以便進行教學方面的深度對話。教職員避靜討論，結構性研究與討論團體，以及將教師連結起來以便於持續進行反省性對話的虛擬網絡，則是三項可能性。反省性對話的主題並不侷限於教學技巧，而是試圖探索與發掘和教學、學習，與存在有相關的謎團與複雜問題。透過氣氛調查（climate surveys）、教師手冊，以及新進人員導覽座談會等等在學校任教初期所蒐集到的資訊，和活生生的鮮明體現相比，顯得更為遜色。專業學習共同體擁有的領導者也不是那種只會在口頭上鼓勵內部旅程的人而已；他們都會以身作則，親自擔任內部旅程的最佳示範。這些領導者都是具有反省能力，而且願意將自己的弱點暴露在其他人面前。必要時，領導者也提供能量與指引，而且在特定場合中，更會強制推動基本規矩，確保個人或是團體能夠恪遵同僚之間的信任與相互尊重的規範。

即使有時間與機會讓教師與校長來進行內部旅程與反省性深度對話，他們也不見得就一定會自然而然地進行這些活動。在很多學校中，這種深度對話可能是違反常態的。因此，除了時間與機會之外，內部旅程要能落實，還必須要改變常見的對話主題。然而，要真正改變對話的主題與對話的性質，可不像

口頭說說那麼容易。領導者能夠藉著協助改變對話的主題來支持內部旅程。舉例來說，他們可能使用諸如隱喻的方式來描述專業工作、矛盾、實務的兩難處境，或是關鍵的事件，來作為帶動討論的開場白。視團體與對話環境而定，以下是幾個開始對話與啟動內部旅程的常見方式。

在反省性對話中，教師與校長的學習對象不只是他們自己，也包括其他人。當他們答覆各種不同的提問，聆聽同僚的經驗時，他們從中獲得不同的觀點，來認識他們的身分認定，以及他們在實務共同體中的相互依賴性。內部旅程需要的理想環境，必須能夠鼓勵誠實對談、維持相互尊重，並且建立一套保護個人的基本規則，以利他們再次探索他們的內部心境。讓大家都參與回應是很重要的。同樣重要的是要打造個人與團體聆聽的能力——擱置判斷、拒絕簡短的回答以及膚淺的解決方式。

內在旅程過程中所出現的談話，是透過對話（dialogue）的方式來維繫的。傾聽的能力，以及參與對話的能力，將對話的動態過程描述成：「讓我們親身感受他人所面對的問題，以一種能夠鼓勵真實心靈走出來的安靜與感受性方式，並不假定我們知道什麼是對其他人最正確的決定，而是允許他人的心靈以他自己的程度與步伐，找到自己的解答。如果我們想要支持彼此的內在生活，我們務必謹記一項簡單的真理：人類心靈並不想要受到桎梏，它只想要被認識，被了解」[14]。教師與校長發展出彼此對話與相互傾聽的能力，藉以提供一套能夠打造共同的

理解、創造意義、產生使命感，並且提供機會來練習與增進互動與集體學習的管道。對話也能夠協助教師與校長處理協作性學習與能力塑造過程中所經常面臨的威脅——防衛心態、忽略或是掩飾困難的議題，以及欠缺深入且具洞察力的分析。「學習團隊的特色並不是沒有防衛心態，而是他們處理防衛心態的方式。一個以學習為使命的團隊必須承諾不只要說出有關『外部的』的事實……也要說出『內部的』事實」[15]。

發動內部旅程

- 你知道某個學生已經學過某些東西，而且對它感到興奮，因為你可以透過學生的眼神知道這些。
- 如果說，學習就像一種動物，而你負責看護那隻動物，你認為牠會是什麼動物？描述你作為看護者的角色。
- 你可能想過要辭去教師的工作？校長的工作？告訴我們為什麼。為什麼你後來沒有辭職？
- 如果你必須挑選一個人，他對於你決定成為一位老師的影響最大；你會選擇誰？告訴我們關於他或她的事蹟。
- 我們大多數都曾經接受過恩師或是重要人士的指點，在生涯初期影響甚鉅。告訴我們你還記得的那個人。為什麼他或她是重要的影響？
- 當教師們被問到學校內專業發展的最大阻礙是什麼時，時間與金錢是最常見的答覆。如果你獲得每週多出十個小時的禮物（非外加，而是已經內含在工作時數之內），你將如何運用？
- 描述你作為教師或是校長時曾經面臨的最大災難？為什麼狀況這麼糟？讓你覺得如何？你從中學習哪些教訓？

五　結論

　　工作以外的專業發展不僅僅能夠滿足專業發展的定義所要求的三項基本標準。它肯定並且強調教師與校長的個人生活與專業生活中,向來被傳統的專業發展架構所忽略或是邊陲化的面向。工作以外的專業發展描述兩個不同的歷練:遠離學校與工作的「外部」旅程,以及連結學習、生活與工作的內部旅程。這兩種旅程都引領教師與校長離開日常生活的例行公事,走向能夠讓他們更深入地了解自我並了解專業工作的新境界。工作以外的專業發展能夠與前面幾章描述的工作「中」、「工作地」與工作「周邊」的豐富學習機會產生互補功效。最後,工作以外的專業發展能夠藉著結合教師與校長的學習、工作與身分認定的內部世界與外部世界,創造並彰顯他們的整體性。

■ 參觀網址

■ **www.teacherformation.org**

　　Courage to Teach Teacher Formation Center 的首頁。

■ **www.bbc.co.uk/dna/h2g2/A756047**

　　位於瑞典 Jukkasjarvi 的冰雪旅館。

■ **www.denverzoo.org/education/school_programs/teacher_**

programs/travel/travel.htm

讓教師得以藉著旅遊的機會增進學習的計畫。

■ **www.writingclasses.com**

Gotham Writers' Workshop：目前是美國規模最大的私立文學創作學校。超過八十位專任教授負責講授寫作的技巧，共有超過四千名學生，分別在紐約市的實體校址以及 WritingClasses.com 這個虛擬校址。課程包括文學類創作、編劇、非文學類創作、回憶錄寫作、商業作文、童書創作、劇本創作、小說創作、創作詩、電視劇本創作、喜劇類創作、影評創作，以及閱讀文學等。每一位年輕的作家學生都可以安排一對一教學或是參加工作坊。

■ **www.ashburtoncentre.co.uk**

Ashburton Centre 提供各式各樣讓人感到興奮的課程與假期，分別在英國的 Devon 與西班牙舉行。課程內容包括由 Stella West-Harling 掌廚的專業料理課程，以及由知名作家講授的創造性寫作課程。

■ **www.habitat.org/**

Habitat for Humanity

■ **www.naesp.org/cgi-bin/netforum/teach/a/1**

這是教學類工作機會的徵才網站。由NAESP所創設，讓學區與校長能夠免費張貼教學職位空缺的公告，並且讓教師可以免費在網頁上找工作機會。教師也可以張貼個人履歷表以及可能的

任職時間等相關資訊。

■ **www.irlgov.ie/edu/press/000928g.htm**

　　Visiting Teacher Service

■ **www.teachersatwork.com/**

　　Teachers@Work 是全新的線上就業徵才服務，專門媒合學校內
　　專業人員的缺額以及條件吻合的申請人。該網站的全國性線上
　　資料庫提供有效率且經濟的方式，克服求職求才的地域限制，
　　讓每個專業人才都有一展所長的機會。

■ **www.academploy.com**

　　Academic Employment：求職網站。提供從幼稚園到中學，甚至
　　大學層級的教學工作機會。

■ **www.acpa.nche.edu**

　　ACPA：高等教育徵才網站。

■ **www.uaf.edu/atp/**

　　Alaska Teacher Placement：阿拉斯加州的教師徵才網站。

■ **www.aacc.nche.edu**

　　Careerline：社區學院的徵才網站。

■ **chronicle.merit.edu/.ads/.links.html**

　　Chronicle of Higher Education：高等教育徵才網站。

進階閱讀書單

Palmer, P. J. (1993). *To know as we are known.* San Francisco: Harper.

Palmer, P. J. (1998). *The courage to teach: Exploring the inner landscape of a teacher's life.* San Francisco: Jossey-Bass.

Wenger, E. (1998). *Communities of practice: Learning, meaning, and identity.* Cambridge, UK: Cambridge University Press.

附註 ▶▶

1. Palmer, P. J. (1998). *The courage to teach: Exploring the inner landscape of a teacher's life.* San Francisco: Jossey-Bass, 11.

2. Palmer, P. J. (1993). *To know as we are known.* San Francisco: Harper.

3. Ibid., 17.

4. Ibid., 11.

5. Ibid., 4.

6. Ibid., 5.

7. Ibid., 10.

8. Ibid., 13.

9. Wenger, E. (1998). *Communities of practice: Learning, meaning, and identity.* Cambridge, UK: Cambridge University Press.

10. Palmer, P. J., 13.

11. Bredeson, P. V. (2001). Negotiated learning: Union contracts and teacher professional development. *Educational Policy Analysis Archives*, *9*(26). Retrieved July 1, 2002, from http://epaa.asu.edu/epaa/v9n26.htm

12. Palmer, P. J., 142.

13. Ibid., 145.

14. Ibid., 151.

15. Senge, P. (1990). *The fifth discipline: The art and practice of the learning organization*. New York: Currency Doubleday, 257.

第三部分 ▶

專業學習嶄新設計的
評估與落實

CHAPTER 9
評估專業發展的建築藍圖

建築物因而聳立在社會需要、可取得技術，以及藝術理論的交會處。[1]

一、導論

本書所依據的指導性隱喻是建築。在前面八個章節中，我的主張始終是，一旦我們把專業發展視為建築的話，就需要處理如何以合乎藝術美感的方式來創造並使用教師與校長成長與改善所需的學習空間。專業發展的建築藍圖的使命是，如何創造出能夠鍛鍊教育工作者的創造與反省能力，進而增進其教學實務的學習機會。本章的目的則是提供一套指引方針，來評估專業發展的嶄新建築藍圖。本章首先將簡短回顧第一章曾經提到的、建築物的三項要件。接下來則將探討每一項建築要件是如何表現在專業學習的設計上，對專業發展的評估又有哪些意涵。次節則要討論一些用來評估專業發展的設計、提供方式、內容、脈絡與結果的重要考量因素。第四節討論專業發展評估的三個不同脈絡——政治脈絡、組織脈絡與個人脈絡。緊接著下一節中，我將使用一個五個層次的評估架構來說明專業發展「就是」工作、工作「中」專業發展、「工作地」專業發展、

工作「周邊」專業發展，以及工作「以外」的專業發展等等的評估過程中，它們在目標、價值、方法與效益評估方面有何差異。本章最後要提出一套能夠建構成功的專業發展評估的模型。

二 功能、結構與美感：回顧

第一章引述 James O' Gorman 的當代著作以及古羅馬建築師 Vitruvius 的經典著作，說明了建築的三大核心要件──功能、結構與美感，請參考圖 1.1。在接下來幾個章節中，我們討論每一個核心要件如何表現在專業學習的設計中。儘管我們今日可能使用略為不同的語言來描述建築的要件，這三大要件依舊在目前文獻所描述的有效專業發展的原則中得到迴響。功能為主，形式為輔，這個理念同樣適用於專業學習的設計以及建築設計。功能的意思是，客戶的優先價值、利益以及需要，決定了專業發展的設計、脈絡、內容與提供方式。了解客戶想要什麼，需要什麼，相當程度上必須取決於誰是專業發展的客戶。顯然地，教師與教育行政人員是最明顯的客戶。然而，教職員發展的設計若是能夠顧及學生、地方決策者（反映出學區目標與學校改善計畫），與社區的利益相關人士的需要及利益，就該設計所產生的衝擊與長期效果等方面而言，成功的機會將遠高於其他僅僅考慮到參與者的訓練與發展活動的專業發展設計。

第二的建築要件是結構。結構包括了材料、過程與組織特

徵，被用來創造並維持包括工作「中」、「工作地」、工作「周邊」與工作「以外」的學習機會，以便滿足客戶的利益、需要與優先價值。結構的要件還包括提供充足時間（上班時間之內或是之外）讓客戶得以唸書、諮商以及反省，以深化學習，並將新的學習轉化成新的教學實務。專業學習的設計必須根據認知的原則、專家知識以及與人有關的組織方法原則，而為了獲得這些原則，又必須具備合適的素材、條件以及資源（財務方面、政治方面與人力方面的資源）。

　　建築的第三個核心要件是美感。建築的美感源自建築物在設計、提供方式、內容與脈絡等面向中，採用一種充滿藝術氣息的配置與使用方式，來創造出能夠讓教師與教育行政人員利用學習機會，以便滿足他們的需要，並且使他們不論身為個人或身為專業人士都產生蛻變。讀者你可能依舊對於專業發展的美感有所質疑；為了解決這方面的質疑，我將使用兩個具體的例子來說明什麼叫作專業發展的美感。

　　專業發展建築師的工作，就是要打造具有藝術氣息（美感）與結構完整性（結構）的學習設計，以便恰如其分地符合教師、教育行政人員、學生，以及所屬教育社群的需要（功能）。因此，要評估專業發展，光是發問卷給參與者調查他們的滿意程度是不夠的。專業發展的評估包含了系統性資料蒐集與分析，以便檢視學習活動對教師、學生、學校，以及專業共同體的衝擊效應。

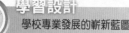
莎拉的海報

在一個教師與教育行政人員分享行動研究計畫的研究成果的課堂上，莎拉站在她的三摺式海報旁邊。能夠和同僚們談論她在過去這個學期所進行的研究工作，讓她感到非常的興奮。這份海報就像一個窗口，引領大家來認識莎拉有關她的專業工作的各種問題、她如何透過行動研究來學習的過程，以及她將如何改善她的教學實務。視覺圖像突顯出她的主要研究發現、對於工作的反省，以及專業發展活動是如何影響她的思考與教書工作。這份海報代表著她如何以充滿藝術氣息的方式來安排她的唸書時間、諮詢時間，以及反省時間；合適的材料、條件以及資源；並且支持協助她度過這段時期的幫手。莎拉的使命感與追求卓越教學的熱情就這樣展示在海報時段，確實是饒富美感的作品。

秋季避靜

經歷了十年的教師避靜之後，有一年的秋季避靜竟然增進了意想不到的能量與可能性。就像過去舉辦過的避靜活動一樣，事先訂有避靜計畫，相關資源相當便利，而且參與者眾。但是，這次避靜活動打從一開始就似乎和以往不同。三位新聘任的教授讓我們對於未來感到興奮。我們更仔細地傾聽彼此的聲音。我們互相參照彼此的理念。當議程即將把我們分成小組討論時，我們甚至修改當日行程。我們想要對談、想要傾聽、想要像個團隊那樣契合在一起。我們感覺到受重視，也相信我們的集體能力。一整天都充滿著熱情與融合能量。當天行程結束之後，那種共同分享目標與成果的感覺，真是太棒了！我們不僅給新聘教師最熱誠的歡迎、處理一些很遠大的構想與新的挑戰、重新思考我們的課程計畫，而且以一種動態的、充滿美感的互動方式一起工作與學習，這些正是謹慎規劃與穩健結構所預期的結果。這真是深具藝術性的團隊學習表現。這趟秋季避靜中，專業發展建築藍圖的核心要件都到位了——功能、結構與美感。

三　為什麼要評估專業發展？

　　在我們開始討論專業發展評估的「內容」（what）與「方法」（how）之前，有必要先了解一下評估專業發展的理由（why）。至少有七項理由來說明為什麼愈來愈多人開始重視專業發展的評估。

- 投資的報酬——研究人員估計，學校內專業發展的直接與間接成本，每年大約要花費一百九十億美元。[2]借用伊利諾州的前聯邦參議員 Everett Dirksen 的話，「這裡花個十億，那裡花個十億，很快就是一筆可觀的金額了。」因此，我們可以合理假定納稅人、決策者與實務從業人員都會有興趣了解，花費如此可觀的經費、時間與物資在教師與教育行政人員的專業發展之後，究竟可以得到什麼樣的報酬。

- 規劃需要更好的資訊——決策者，以及專業發展的參與者與提供者，都需要更好的資訊，以利他們選擇與決定專業發展的設計、提供方式、內容、脈絡與預期結果。由於政策執行的權責界定問題正得到愈來愈多的重視，有必要能夠透過系統性的評估方式，針對專業發展的各個面向，提供可靠且有效的資料。

- 專業發展與學校改善——專業學習是學校改善與教育改革的核心。專業發展的評估非常重要，因為不管是決策者或是實

務從業人員都想要更深入了解人們是如何學習、發展專業職能、改變教學實務，以及最後是如何影響學生的學習成效。

● 連結專業發展與認知科學——將專業發展的評估成果與我們從認知科學所獲得的知識做連結，可以提供強烈的證據顯示，教師與教育行政人員也和學習者一樣，在進入學習環境之前，就都會帶著個人特有的先前知識與經驗，而且具有不同的學習風格。專業發展的評估——特別是能夠提供學習者需要、興趣，與學校風格偏好的珍貴診斷資訊的評估——對於教師與教育行政人員的有效學習機會的設計與規劃而言，是非常關鍵的。

● 評估專業發展的效度——有太多的清單都試圖描述好的專業發展必須具備哪些特徵／特質。[3]評估是一種系統性的資料蒐集與分析方式，來檢驗這些分類系統的效度。此外，評估也能協助處理和專業發展的「好處」有關的多項議題。對什麼好？對誰好？在什麼樣的條件下是好的？

● 專業學習與實務變革——當前教育界的最新主導趨勢，就是特別重視教育成果的評估，尤其是學生究竟知道什麼、能夠做些什麼。再加上目前流行的、以標準為本的教育改革方案，這兩個趨勢就是為什麼愈來愈多人對於教師與教育行政人員的專業學習成效的評估深感興趣的背後動力。專業發展的參與者需要知道些什麼，能夠做些什麼，以及這些學習成果有何影響，主要乃是因為現在已把注意的重心從輸入轉移到學

習成果。

- 專業學習與補貼——最後，許多地方學區與州正在實驗另外一種教師支薪的補貼系統。[4] 該套薪資系統的正當性與公平性必須建立在可靠且有效地測量專業知識、技術以及表現。為了取得這方面的資訊，就必須格外謹慎地關注專業發展及其成果的評估。將資源分配給特定類型的訓練與發展，而非其他方案，則可看出薪資系統與專業學習是與政策和實務密切相關的。

四　評估專業發展：目的與脈絡

　　為了設計出一套評估過程能夠滿足成效評估必須具備之標準，[5] 我們需要先說明一些基本問題。這些問題包括：我們想要知道什麼？為什麼這些資訊很重要？我們如何能夠蒐集並分析資料來回答這些問題？評估資料將會如何使用？有關這些問題的答覆顯示，專業發展評估的規劃階段包含了兩大面向：評估的**目的**；評估的**使用脈絡**。

　　評估專家 Tom Guskey 的著作指出，不管採用哪種評估模型，評估都具有三大目的。這些目的包括：(1)規劃；(2)監督／調整／改善方案與過程（形成性）；(3)根據方案的整體品質與效果做判斷與決定（總結性）。「大多數的評估實際上都是設計來滿足這三個目的，儘管隨著評估過程進入不同的階段，會

特別強調不同的目的」[6]。我知道這三項評估目的之間的確有一些重疊與互相依賴的情況;然而,在本節我刻意區別它們,是為了突顯它們之間、足以影響專業發展評估過程之設計的重要差異性。

除了了解評估的目的之外,了解評估資料的使用脈絡也是很重要的。在專業發展的評估中,有三大脈絡需要考量。**政策脈絡**包括了立法部門、教育機構(聯邦、州與地方政府),以及地方教育委員會;其中地方教育委員會所做的決定足以影響幾乎是學校教學的所有面向,包括專業發展。在政策脈絡底下的評估資訊將會影響有關專業發展的重點、經費來源,以及使用形式等重要決定。一項近期的例子正好可以說明評估研究如何替政策決定提供資訊,這個例子就是《設計有效的專業發展:艾森豪計畫給我們的啟示》(*Designing Effective Professional Development: Lessons from the Eisenhower Program*)。[7] **組織脈絡**指的是學校與學區的層級,是地方上進行討論、決定與選定落實策略的層級。在學校與學區這個層級中,資源(時間、金錢與人力)往往非常稀罕,有關地方贊助的專業發展計畫的成效與衝擊的相關資訊,能夠協助教師與教育行政人員在做重大決定的時候,務必把支持專業學習(個人或集體)所需的資源的分配,與學區目標和地方上學校改善的優先價值之間,能夠保持一致。評估資訊的第三個使用脈絡,則是**教學實務**這項熱門的活動,個別的教師或是團隊將他們的知識轉換成能夠支持學生

學習與發展的實際教學活動。[8] 每一個使用脈絡都代表了需要、興趣、優先價值，與責任之間的獨特組合。州立法機關與聯邦教育官員對於評估資訊的目的與興趣，應該會和地方教育委員會成員與課堂教師所關切的目的，有著顯著的差異。評估的**目的**（規劃、監督、決策）與不同的**使用脈絡**（政策、組織與實務）的交互關係，有助於評估人員解決基本問題，以利專業發展的設計、提供方式、內容、脈絡，與成果的評估設計與進行。

五　專業發展評估的關鍵層面

　　有關專業發展成果的評估工作，已經困擾研究者與實務從業人員將近數十年之久。對大多數的地方學區而言，缺少可靠且有效的評估工具、人力與資源來對專業發展進行系統性評估，已經使得評估工作變成簡單的滿意度調查以及照章行事而已。然而，儘管專業發展是否有效的實證研究證據相當薄弱，各地方學區仍然繼續每年投資近百億美元來增進教師與教育行政人員的專業知識與技能，因為他們相信這筆投資可以對教師的學習與改變、學校改善，與提升學生的學習成效，產生顯著的效果。

　　為了解決專業發展評估的侷限，Tom Guskey 提出專業發展評估的五個關鍵層次。他的模型包括五個層次，從簡單的評估到較為複雜的評估之間，依照複雜性高低排列成一個層級結構，

其中，較高層次的評估必須耗費較多的資源，也就是時間、金錢與測量的專業技術，而且只有當較低層次的評估已經成功之後，才得以在那個基礎之上，進行較高層次的評估。[9] 在層次一，評估者有興趣的是參與者對於學習經驗的各種反應。例如大家所熟悉的，工作坊結束之後往往會有簡單的評估調查，詢問我們對於當天專業發展活動的各個面向的喜好或反感程度。在層次二，評估的焦點擺在參與者學習的指標——比如說，新的知識或是新的技能。層次三的評估則專注於組織支持與組織變遷的指標。前者要檢視那些支持專業發展的脈絡與過程的面向，而後者則是關心專業發展對於組織造成的衝擊。至於評估者在層次四想要知道參與者是否而且如何將他們新學到的知識與技能應用到教學實務上。至於層次五的評估焦點則是專業發展對於學生的學習成果究竟產生哪些影響。

當我們要考量專業發展的嶄新建築藍圖的評估時，Guskey的五層次模型特別有幫助。圖 9.1 顯示這五個評估的關鍵層次（參與者的反應、參與者的學習、組織支持與變遷、參與者使用新知識／技術的使用狀況，以及學生學習成果）與專業學習的四大管道（工作「中」專業學習、「工作地」專業學習、工作「周邊」專業學習，與工作「以外」專業學習）之間的交互關係。為了說明起見，我將分別使用前面章節所描述過的專業學習經驗為例子來說明特定層次的評估。我們可以根據專業發展評估設計的四大關鍵問題，來評估每項學習經驗。

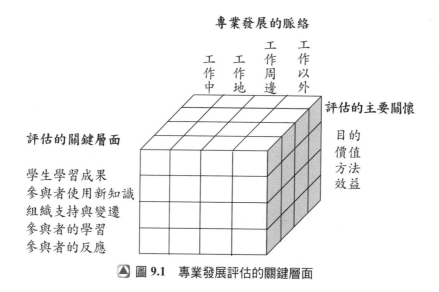

圖 9.1　專業發展評估的關鍵層面

1. 目的——我們想要知道什麼？

2. 價值——為什麼評估資訊很重要？

3. 方法——我們打算如何蒐集與分析資料？

4. 效益——我們打算如何使用評估資料？

層次一、參與者的反應：莎米族露營地之旅

我最近到瑞典北部、北極圈內的莎米族露營地的訪問，算是一趟工作以外的專業發展歷程。層次一有關參與者反應的評估結果會是如何呢？層次一評估的主要目的是要注意到獨特的個人學習經驗，並了解個人對於學習經驗的反應。舉例來說，我們可能會想問：置身莎米族露營地的感受如何？當天最讓你

感到驚訝的事情是什麼？該趟旅程讓你最難忘的部分是什麼？該項評估的價值在於能夠對工作以外的學習經驗的潛能，以及它們對於教師的個人成長與專業成長的影響，有更深入的了解。文字書寫的日誌與專業發展計畫書、正式報告，與同僚之間的反省性訪談，都是在蒐集、分析與理解參與者對於這些學習經驗的反應的評估過程中，可能採取的方法。參與者反應的評估所以會具有效用，是因為它著重個人活生生的生活體驗，並且激勵他人也去探索學校以外的豐碩學習境界的潛能。

層次二、參與者的學習：教室行動研究

行動研究（action research）必須內置於教師每日教學例行工作中，因此是工作「中」專業發展的恰當例子。以他們專業工作的特定一個面向為基準，教師與教育行政人員有系統地蒐集、分析、詮釋與調整他們的行動。透過行動研究的方式來評估學習，有哪些可能性？層次二評估的目的是為了理解教師們在進行教室行動研究的過程中，究竟學習到什麼；或者，校長究竟從行動研究中學習到哪些有關領導統御的新知，對其他人以及學校改善而言又有何影響？可能的問題包括：你原本打算學習到哪些內容？你從中學習到哪些與教學有關的內容？你在行動研究的進行過程中，可曾獲得任何新的知識或新的技能？針對教師與校長在進行行動研究的過程中，也同時學習到的內容進行評估，對決策者而言很有幫助，對於那些有興趣知道花

費這些時間與資源來進行行動研究究竟是否合算的參與者而言，
也很重要。教育工作者為了追蹤與反省學習的真實方法，包括：
參與研究者藉著書寫日誌的方式來反省他們的學習內容與學習
方式；或者在三折式海報上透過圖像創造與再現的方式，摘要
說明他們的研究發現與行動計畫。有關教師透過行動研究的學
習方式的評估結果，可以有哪些用途呢？關於教師與校長的學
習方式與內容的知識，是非常有用的，因為那些知識有助於回
答有關這種類型的工作內置學習的成本與效益。此外，這些評
估資料也有助於專業發展規劃過程中的前期評估階段，而且對
於持續進行的行動研究所需技能的訓練與執行方面，合適的內
容的設計與輸送，也有幫助。

層次三、組織支持與變遷：同僚指導

　　層次三的評估著眼於專業發展經驗的脈絡與衝擊。有關脈
絡的評估問題可能包括：是否有足夠的資源、材料以及訓練有
素的人力，來有效落實同僚指導的進行？目前學校的結構與過
程是透過哪些方式來支持或阻撓有效的同僚指導？此外，有關
組織支持與組織變遷的評估，也必須針對同僚指導所帶來的衝
擊進行評估。舉例來說，我們會想要知道，同僚指導是否會影
響到學校的氣氛、文化規範、教師工作的性質，以及教師之間
的溝通模式。有關同僚指導的脈絡與衝擊的評估，提供深具價
值的資訊，以便於判斷學校裡頭同僚指導機會的實際成效與品

質，以及對個人能力、團隊能力與學校整體能力的影響。贊成同僚指導的人主張，同僚的觀察、諮詢、專業對話以及協同工作，對個別參與者的助益遠遠超過預期。這些「工作地」專業發展活動替專業共同體奠定規範、加深教師對於教學與學習的思考，並且對於組織變革與改善過程貢獻卓著。學校氣氛調查、焦點團體的訪談，以及參與者的學習檔案，則是教師可以用來系統性地蒐集與分析有關學校內同僚指導之脈絡與衝擊的常見方法。最後，這些評估資料也有效益。教師與教育行政人員在發展學校改善計畫、創造相互依靠的同僚關係，以及改善教室內教學實務以增進學生學習等等方面，都能夠使用這些資料。

層次四、參與者使用新知識與新技巧：離開工作崗位的科技訓練

教師們常常參與的專業發展活動就是在離開工作崗位的工作坊進行的科技訓練。事實上，這種為期一天的工作坊已經成為教職員發展活動中，聲名遠播的「主力活動」。然而，我們的經驗與認知心理學家的研究都提醒我們，新的知識與技能要從一個環境移轉到另外一個環境的過程，並不是自動自發的進行，也不是每次都會成功。因此，對於參與者使用新獲得的科技技能加以評估，是為了了解這些新技能實際應用在每日例行教學工作的程度。這個層次的評估結果也有助於我們指出教師們將這些科技技能（舉例來說，網路上的資料搜尋）應用在教

學時可能面臨的問題。參與者使用新知識,其價值在於理解學習遷移方面,以及如何成功地將新的教學與學習策略落實在教室的相關考量與議題。有三個方法常被用來蒐集參與者有關新的科技技能的使用情況的資料,分別是透過調查、書面問卷,或是訪談的方式,來詢問教師以下這些問題:你在課堂上使用網路資源搜尋的頻率有多高?哪些類型的教學活動與內容,在你看來,最適合使用這項科技?你在教學上使用這項科技時,曾經遭遇過哪些問題?對於新科技技能轉移的評估,讓學校有能力去決定哪些種類的學校現場人力支援以及專業職能是必備的,以便落實在教室的教學活動中。參與者使用新技能的評估資訊也在以下面向上產生效用:評估學習轉移現象、決定在教室有效實施所需要的現地資源;預期問題;對於未來離開工作崗位的訓練經驗的規劃。

層次五、學生學習成果:教師讀書會

教職員發展的主要目標是要增進教師與教育行政人員的知識與技能,以強化他們的教學實務。儘管這樣的目標值得稱許,甚至具有利他精神,但是最終的考量始終是,我們之所以投注資源在教師與教育行政人員的專業發展,是為了增進學生的學習——不管是認知上、情感上與心理動力上的學習皆然。要檢視訓練經驗、教師學習、教師教學實務,以及學生學習之間的關係,是一項複雜的評估工作。儘管面臨多項挑戰,層次五的

評估目的是想要了解，包括工作「中」學習、「工作地」學習、工作「周邊」學習，以及工作「以外」學習在內的各種教師學習類型活動，究竟是透過哪些方式對於學生的學習產生影響。為了更深入了解這項評估工作的複雜性以及可能性，姑且讓我們以「工作地」專業發展的某一項經驗──教師的讀書會──為例子來加以說明。

教師的讀書會是在專業學習共同體之內所進行的一種協作性學習方式。因為讀書會常常在學校內進行，這種類型的專業學習經驗自然也具備許多相關優點。閱讀的主題與討論的關懷，多半是參與讀書會的教師們自己提議的，因此這些教師也等於已經投入了相當程度的承諾在讀書會的活動中。此外，因為讀書會的學習是一種在原位置（in situ）的學習過程，因此，學習轉移的潛在問題已經得到紓解。這些讀書會對於學生學習究竟產生什麼衝擊，相關的評估也是非常具有價值的，因為它或許可以提供最具說服力的證據來證明，教師之間的協作性學習有助於調和學校改善並增進學生學習。為了評估教師在讀書會的協作性學習以及學生學習成效之間的關連，協作性行動研究是特別有效的一種方法。教師反省，以及個人專業表現的電子檔案、家長調查表、學生調查、教育行政人員調查，以及各式各樣學生成果測量方式（標準化測驗成績、性向測驗，以及學生的工作／表現），則是在評估教育發展對於學生學習所造成的衝擊時，常用的評估資料來源。行動研究團隊所產生的評估資

料，也將是深具價值的教師意見回饋制度的根據，作為教師們在考慮他們的學習、他們的教學實務，以及學生學習時的主要參考依據。

也許圖 9.1 所展示的專業發展評估的矩陣圖形，最明顯的意涵之一就是，專業學習並沒有一套普遍適用的評量方式。可信的評估並不等於嚴格的評估工具或評估做法。高品質的評估取決於能否妥善利用評估工具，搭配充足的資源，以處理專業發展政策、方案與實務所特別關切的問題。蒐集有關教師在結束在職訓練活動之後當場的反應，或許有用。然而，這種方式蒐集到的評估資訊的價值，只限於判斷特定學習經驗的設計與提供方式的品質，若是想要描述新的學習如何落實在教師的教學實務這方面的議題，就比較缺乏價值。

（六）　建構成功的專業發展評估

Guskey 那套專業發展評估的模型背後存在著另外一個命題：只有當較低層次的評估已經成功之後，才得以在那個基礎之上，進行較高層次的評估。較低層次的評估是否成功，就成了較高層次的專業學習與專業成果的評估能否進行的限制條件。哪些因素可以確保評估能夠成功呢？圖 9.2 所指出的五大關鍵要素，是支持專業發展評估能否成功的要素。成功的評估必須具備一個以客戶為中心的明確目的；充足的支持能力（時間、金

目標是否明確	資源是否充足	方法是否合適	是否具可行性	完善的使用計畫		評估的衝擊
目標明確	資源充足	方法	可行性	使用計畫	=	成功的評估，能夠將學習與學校目標作連結
	資源充足	方法	可行性	使用計畫	=	支離破碎與讓人混淆的評估
目標明確		方法	可行性	使用計畫	=	有限且膚淺的評估
目標明確	資源充足		可行性	使用計畫	=	無效資料且有潛在的衝突
目標明確	資源充足	方法		使用計畫	=	浪費資源而且評估結果並不可信
目標明確	資源充足	方法	可行性		=	對於學習以及未來的專業發展衝擊甚小

▲ 圖 9.2 成功的專業設計評估的關鍵要素

錢、制度性結構與過程、素材,以及願意付出的專家／人力);
可靠且可信的方法來蒐集與分析評估資料;學校／學區內的資
源、脈絡,與政治現實條件之下,是可以行得通的;以及評估
資料的使用方式必須和學校改善目標吻合,並且能夠支持專業
學習與學生學習。該圖也指出當關鍵要素不存在的時候,可能
出現的一些問題。

 七 結論

　　專業發展的評估是學校改善計畫的關鍵部分。一項事前經
過仔細籌畫,而且在學校成功執行過的有效評估,可以獲得許
多有助於增強專業學習共同體的有用資訊。成功的專業發展評
估並不會創造出專業學習共同體;它們只會揭露出它們的本質。
在專業學習共同體中所具體呈現出來的這套嶄新建築藍圖,將
設計的三大核心要素結合在一起──功能、結構與美感。專業
發展的評估對學校而言可以滿足三大目的。首先,專業發展的
評估可以提供深具價值的資訊,襄助專業發展的規劃與目標設
定。其次,專業發展的評估可以指引組織改善的過程。第三,
專業學習的評估能夠告訴我們,將如此豐碩的資源(時間、金
錢與人力)投注在教育的專業發展上面,究竟值不值得。

　　第十章將把注意力轉到另外一個問題。從設計工作室孕育
出的專業發展的嶄新建築藍圖的創造性能量與理念,要如何才

能夠成功移植到學校裡。我特別要提的是,我將說明幾種常見的方式,可以根據專業發展嶄新建築藍圖的設計原則,替教師與校長創造學習空間。

參觀網址

■ **www.ncrel.org/pd/**

North Central Regional Educational Laboratory 收錄各種協助專業發展評估工作的資源與素材。特別是線上版的 Professional Development: Learning from the best: A toolkit for schools and districts based on the National Awards Program for Model Professional Development.

■ **http://nsdc.org/**

National Staff Development Council 網站包含可以用來檢驗專業發展的內容、脈絡與過程的各種標準與評量工具。

■ **www.ascd.org**

Association for Supervision and Curriculum Development 網站提供專業發展評估的相關資源列表與有用素材。

進階閱讀書單

Danielson, C., & McGreal, T. L. (2000). *Teacher evaluation to enhance professional practice.* Alexandria, VA: Association for Supervision and Curriculum Development.

Glatthorn, A. A., & Fox, L. E. (1996). *Quality teaching through professional development.* Thousand Oaks, CA: Corwin Press.

Guskey, T. R. (2000). *Evaluating professional development.* Thousand Oaks, CA: Corwin Press.

U.S. Department of Education. (1999). *Designing effective professional development: Lessons from the Eisenhower Program.* Washington, DC: Author.

附註 ▶▶

1. O'Gorman, J. F. (1998). *ABC of architecture.* Philadelphia: University of Pennsylvania Press, 16.

2. Corcoran, T. C. (1995). *Transforming professional development for teachers: A guide for state policymakers.* Washington, DC: National Governors' Association; Bredeson, P. V. (1996). *Teachers take charge of their learning.* Washington, DC: National Foundation for the Improvement of Education.

3. 請參考 National Staff Development Council, U.S. Department

of Education 與 NCREL 的報告書。

4. Odden, A., & Kelley, C. (1996). *Paying teachers for what they know and can do*. Thousand Oaks, CA: Corwin Press.

5. Joint Committee on Standards for Educational Evaluation. (1994). *The program evaluation standards* (2nd ed.). Newbury Park, CA: Sage Publications.

6. Guskey, T. (2000). *Evaluating professional development*. Thousand Oaks, CA: Corwin Press, 56.

7. Garet, M. S., Birman, B., Porter, A., Desimone, L., Herman, R., & Suk Yoon, K. (1999). *Designing effective professional development: Lessons from the Eisenhower Program*. Washington, DC: U.S. Department of Education.

8. Eraut, M. (1994). *Developing professional knowledge and competence*. London: Falmer Press.

9. Guskey, T. (2000). *Evaluating professional development*.

從設計工作室到學校

建築不只是無聲的美；它也能像任何語言一樣溝通。[1]

一　導論

專業發展的建築藍圖和其他建築藝術一樣，都是要使用合適的材料與結構來創造出功能完善、做工精巧、充滿美感的學習空間。專業發展的本質就是替教師與校長打造匠心獨具的學習機會。本章首先將瀏覽專業發展的圖像。我將回顧前面九章所發展出來的主要命題。第二節則說明教育決策與實務工作者將專業發展的嶄新建築藍圖從設計工作室移植到學校，進而移植到教師的個人與專業生活時，可能會面臨的一些挑戰。要面對這些挑戰，就必須重新思考、重新建構，並重新培養教育界專業學習的空間。本章最後則將討論專業發展的嶄新建築藍圖所傳遞的訊息與意義。

二　回顧專業發展的圖像

（一）打破框框：校園內專業學習的新設計

Wright在十九世紀末重新思考美國房舍的基本設計與結構。

Wright 相信，自由的理想與精神不僅僅是民主社會公民的基本素養，也應該在他們的居住地與生活方式中表現出來。這樣的信念驅使他開創了嶄新的建築風格，期能在自然環境與人為環境之間維持和諧的生活空間。他的願景轉變了整個建築界。在二十一世紀初期，專業發展也迫切需要一場類似的轉型運動；它需要一個嶄新的建築藍圖來反映出一個民主社會有關學習、專業表現，以及教育方面的集體價值與集體信念。要打破教職員發展的傳統框框，就必須重新思考、重新建構，並且重新培養學校以內及學校以外的專業學習設計。專業發展的嶄新建築藍圖將重新思考專業學習的設計、提供方式、內容、脈絡以及成果。只有當我們已經具備一個清楚的願景、知識與技能、合適的資源與誘因結構，以及一套能夠替教師與校長創造學習空間的建築計畫之後，才能改變教育界專業發展的典範。

（二）打好地基：專業發展的根基與基礎

地基與基礎也和硬體結構一樣，能夠支持學校內專業學習的設計。這些基礎需要夠寬，才能承受不時進行的改善工程對建地構成的嚴苛挑戰；基礎也需要夠深，才能將專業學習結構與過程的重量與壓力平均分配；基礎也需要夠牢靠，才能歷久不衰。要奠定這種基礎的規格，取決於地方歷史、學校文化、組織優先價值、社區環境，以及可資利用的資源等等因素的獨特綜合體。為了在地表之下建立專業學習嶄新設計的完善基礎，

需要具備四個關鍵層面的行動——個人行動、結構行動、政治行動與文化行動。

　　打好基礎的另外一層意義就是要替專業發展設定一個清楚的定義。專業發展意指讓教育工作者以能夠加強專業實務的方式來鍛鍊創造力與反省能力的學習機會。這個定義係根據三個重要概念：首先，專業發展必須是一個學習的場合；其次，學習經驗必須能夠鍛鍊教師與教育工作者作為專業人士必須具備的創造力與反省能力；第三，儘管專業發展有許多好的結果，專業發展的主要目標是要增強教學實務。

（三）打造專業學習共同體

　　學校每年都會投資近百億美元在專業發展上，因為他們相信，替教師與校長創造學風鼎盛的專業學習環境，最終也能增進專業教學實務，並強化學生的學習成果。專業學習共同體的創造，目前已經成為全美國最重要的一項教育改革方針。在一個貨真價實的專業學習共同體中，教師與教育行政人員都能夠共同理解**專業**、**學習**與**共同體**這三個核心概念所體現的意義、責任、期望與承諾。要創造這些專業學習共同體的主要建築基石就是一個清楚而明確的使命；一個得到專業發展的支持，前後一致教學方案，堅強的專業文化，以及合適的決策結構；一套連結目標、過程與預期學習結果的責任歸屬制度；以及堅強的領導統御。

專業學習共同體的另外一項特徵就是，它們有能力處理學習與拋棄舊學習之間的矛盾關係。在成為真實的專業學習共同體的過程中，學校與學校內的成員必須先發展出他們個人與集體特有的能力，以系統性的方式來拋棄舊學習，將不具生產力或過時的結構、歷程、作法與思考方式加以捨棄。

（四）專業發展「就是」工作

專業發展在目前的各種教育改革方案中都占有顯著的地位。不過，這個事實反而讓人忽略它在教育史上妾身未明甚至邊陲化的地位。事實上，一位學者曾將專業發展稱作教育界的「拖油瓶」，而其他學者則大力抨擊專業發展聲名狼藉的那一面，批評它缺乏效率，成效不彰，而且往往執行得很糟糕。在更深入的層次上，我相信導致這種壞名聲的根源是因為這些學者都未能把專業發展看成正當的工作。不論背後是否有意或是無意，當人們已經習慣用**工作外的那些活動**、**額外的工作**，或更難聽的**不用工作的時間**來稱呼排定的在職訓練日、工作坊日及讀書日時，專業發展的地位只會更加低落。專業發展的嶄新建築藍圖所代表的正是一種嚴肅看待專業學習與專業實務的延伸觀點。將專業發展從專業工作的邊陲地帶拉回核心地位，對於教師、教育行政人員及學校委員會而言，具有深遠的意涵，因為他們將可以攜手合作在學校內打造專業學習的嶄新建築。

（五）工作「中」專業發展

工作「中」專業發展意指教師與校長的每日例行工作中所內置的豐富多樣的學習機會。他們的專業工作提供了絕佳的機會，讓他們得以不停地在工作中獲取新知識、學習新實務、精進教學技能、深化教學與學習的洞見，甚至反省這些學習經驗，而這一切都是當他們在履行每日工作內容的同時就已經在進行的。學習與工作是無法切割的整體。學習就是工作的一部分。根據學習結構（非正式或正式）以及學習經驗的性質（個人性或是協作性）這兩項因素，對應在一個二乘二的矩陣圖之上，我們可以將工作「中」學習機會歸類為四大基本類型。每一個類型的實例包括，**個人性非正式學習**（閱讀，一面教學一面反省）；**個人性結構化學習**（教室行動研究，製作專業表現檔案）；**協作性非正式學習**（教師對談，有關計畫的互動）；以及**協作性結構式學習**（同僚指導，團隊教學）。

（六）「工作地」專業發展

「工作地」專業發展（工作地學習）意指教師在上班期間，當他們沒有直接面對學生進行教學活動，也沒有在準備教案時，在原工作地點就近可以取得的學習機會。在職訓練、工作坊、會議、校內意見交換等等，都是學校內工作地學習的例子。「工作地」專業發展具有明顯的優點：可以更有效率地應用資源；

可以讓學習轉移便於進行；可以包容不同的需要與學習風格；可以增加教職員的集體知識與專業職能的能力；更能夠提升協同合作、專業互賴關係，以及學校更新的自然傾向。儘管這些優點很重要，工作地學習依舊有許多潛在的問題。並不是所有的「工作地」學習都必定是好的學習。舉例來說，學習成果可能包括學習到負面的教訓；增強既有的偏見與現狀；讓壞習慣與壞實務繼續惡化；以及學習成果與學校的優先價值和學生的需要沒有關連。在專業學習共同體中，教師與校長會一道設法創造最合適的學習條件，以便支持「工作地」專業學習的同時，能夠緩和任何潛在的負面學習成果。

（七）工作「周邊」的專業發展

　　教師與校長總是享有各式各樣工作「周邊」的專業學習機會。研討會、學校參觀、暑期進修班、大學課程，甚至留職進修，都是在工作崗位之外進行專業發展機會的例子。因為這些學習經驗很多都是個人的經驗，團隊學習遂成為凝聚集體能力的關鍵。成功的學校將發展策略來分享從工作外部的個人經驗所獲得的知識、技能與智慧。成功的學校採用一套系統的思考方式來將能量與資源分派到專業發展的設計、提供方式、內容、脈絡，以及工作外部專業發展的成果，一方面使個人學習最大化，同時也要建構並提升組織本身的能力。

（八）工作「以外」的專業發展

工作以外的專業發展意指那些遠離工作與學校，與教學實務沒有直接關連，卻可以拓展生活經驗的各種學習機會。這些學習與成長的經驗孕育了教師與校長的心靈、心智與熱情。它們同時也肯定教師與校長的個人生活與專業生活所涵蓋的兩個面向──身分認定與整全人格──這兩個面向常常被專業發展的傳統架構所忽略。「工作以外」的專業發展描述兩個類型的歷練。第一個是遠離學校與工作的**外部**旅程。第二個是將工作、生活與學習相連結的內部旅程。這兩種類型的旅程都把教師與校長帶離他們每日例行工作的範疇，引領他們去體驗與探索新的境界，那是一個能夠賦予他們新的洞見、增加對自我與工作的理解，進而認識周遭世界的新境界。

（九）評估專業發展的建築藍圖

有關教師與校長的專業發展經驗的品質與衝擊所進行的評估，對於教育規劃、計畫改善，以及教育行政主管機關各個層次的決策過程的重要性，正逐漸增加。對於這些評估的脈絡與目的的了解，能夠協助教育界人士正確選擇資料評估的焦點、方法與使用。根據 Guskey 的五層次評估模型（參與者反應、參與者學習、參與者使用知識與技能、組織變革與支持，以及學生的學習成果），我們可以透過一個矩陣體來說明每一個層面

要如何回答四個關鍵考量——**目的、價值、方法**與**效益**。對於專業發展嶄新建築藍圖的有效評估，能夠提供關鍵資訊給專業學習共同體的設計者、參與者與支持者。

三 面對專業學習設計方面的挑戰

將專業發展的嶄新建築移轉到學校，將面對許多挑戰。首先，有很多強有力的傳統與專業規範，一開始可能會抗拒任何想要重新設計學校內專業學習機會的各種努力。很多教育界同仁對於教職員發展的傳統作法向來只有負面的經驗，因此他們可能會擔心，有些甚至會質疑，專業學習究竟可以帶給他們哪些新的可能性。他們會想，新的建築真的會有所不同嗎？會不會只是偽裝之後的那種由上而下，硬加諸給學校的要件？要發展專業與文化規範，讓教師與校長能夠支配他們的專業發展，將必須遭遇在時間上、相互信任上，以及個人與制度上程度不小的頑強抵抗。

專業發展的嶄新建築藍圖的第二個挑戰，是學校所在地的條件。在少數情況下，個別的學校場址可能是開放的，而且已經準備接受專業學習與專業成長的新理念與新規劃。然而，在大多數情況下，有許多既存結構、實務與信念將需要特別注意。在這些情況下，為了完成清除殘餘這樣必要的準備工作，也許得透過策略性的捨棄行動或者教育方面的車庫前大拍賣的方式

來進行。在其他情況中，先前結構所留下的素材與資源將會回收，並重新用來打造專業學習的新設計。

專業發展的嶄新建築藍圖也必須面對兩個矛盾關係所構成的挑戰。嶄新建築不僅代表明確定義的學習空間，也界定了不受侷限的學習空間。作為創造性過程的建築使用合適的材料與結構來滿足特定的需要，從而定義且劃清學習空間的範圍。將學校「以內」與學校「以外」的專業學習空間加以定義，正是專業發展嶄新設計的任務。然而，創造一個學習空間並未侷限專業學習與專業成長的可能風格與機會。嶄新建築的設計原則提供形式與機會，以便使專業學習機會以及個人需要與學校所在地之間能夠吻合。

因此，專業發展並沒有**最佳**模型或是**最佳**實務。有效的專業發展顯然具有許多共同的特徵與特質。然而，這並不表示專業學習具有一定的設計規格或是公式化的過程及活動。對於那些汲汲於正確答案、保證有效的模型，或是專業發展的最佳實務的讀者們而言，他們將會因為在這本書裡找不到這類答案而感到沮喪。對於教育文獻中常見的**最佳實務**這個字眼，我依舊持保留態度。「最好」是個最高級字眼，意味著某一項作法是最有效果的作法。基於包括教師與學校需要、學校的脈絡與文化、人力，以及可以獲得的資源種類與數量等等因素在內的獨特性，真的不太可能找得到所謂**最好**的實務，好到能夠符合超過一萬五千個學區之間高度多樣化且充滿動態的學校情況。其

他學校成功的經驗當然有值得我們學習的地方。然而,單純的模仿或是複製那些專為都市學校環境的教師與校長的專業學習需要而設計的活動,並不一定就能夠適合鄉下袖珍學校的教師與校長的需要。專業發展的嶄新建築藍圖所關切的是,如何替教育專業人士發展出一套能夠持續強化學習經驗的實務與規範;而不是要替專業發展的最佳實務打造一座僅供瞻仰的聖殿廟堂。

採用專業發展的嶄新建築藍圖的規劃者可能面臨的第二個矛盾關係,源自於一股想要創造出歷久彌新但同時也能夠與時俱變的專業學習機會。專業發展的設計要如何才能夠兼顧結構的穩定性與使用的彈性呢?第二章描述了打好地基的重要性。打造一個能夠替專業發展實務提供長期支持、穩定性與一致性的牢靠基礎,是非常關鍵的因素。我將再一次借助 Wright 的作品,來替專業發展建築當中這個重要的矛盾處境找出一條出路。

塔列辛不僅是 Wright 的故居,也是體現著各種設計創新的活生生模型。在他眼中,這棟座落於山坡頂端的建築體,是一個持續進行中的實驗作品,而不是一個永恆固定的建物。因此,他常常忽略地樁應該要打深一點。原本是持續變動與實驗的作品,卻在歷史時間的瞬息片刻僵固凝結,維持原狀。今天依舊聳立的這棟紀念 Wright 的建築創造天才的紀念館,正受到氣候、土質流動、雨水損害等威脅。塔列辛原本被視為一個具有類似演化潛能的有機體,也同時是屹立不搖堅固牢靠的建築。Wright 的設計特徵與基本材料,像石頭與木材,都賦予它一種永恆不

滅的感覺。儘管如此,屋子的許多部分都曾經經歷過多次的重新設計與重新建造。其他部分甚至被拆除。房子內部某個部分使用過的材料,後來竟也使用在新的部分。我認為,專業發展的嶄新建築藍圖也是一個在學校內學習、生活與工作的暫時性模型。類似的教職員發展活動、舊的材料,以及新的資源,都會以新的方式來安排配置,以便滿足教師與校長們與日精進的專業發展需要。要替專業學習共同體的創造找出一個正確的調合模式來兼顧穩定性與彈性的要求,將是一項艱鉅的挑戰。

最後,要將新的建築藍圖從設計工作室移植到學校,學校內還必須具備三大轉移——重新思考、重新建構與重新涵養專業發展。這不是一件簡單的任務。這三個面向的作法代表著教育界的重要系統性變革。從複雜變革管理的經驗中我們知道,要替學校創造出嶄新的專業發展建築,必須具備清楚的願景、恰當的知識與技能、充足的資源、有意義的誘因,以及一套能讓我們達成目標的規劃。

四　建築的語言

專業發展的嶄新建築藍圖代表著一套用來替教師與校長創造學習空間的設計原則與結構。建築也是一種語言。建築物、紀念碑,以及專業發展的嶄新建築的樣式、形貌與空間,都傳遞了特定的訊息。讓我們很快地回顧一下,專業發展的嶄新建

築藍圖究竟訴說著什麼樣的語言。專業發展的嶄新建築究竟傳遞了哪些訊息呢？為了說明這一點，我們將回到專業學習的嶄新設計所表現出來的六項設計主題。

（一）專業發展以學習為本

不論是專業發展**就是**工作、工作**中**專業發展、**工作地**專業發展、工作**周邊**專業發展，或是工作**以外**的專業發展，都傳遞著一項中心訊息：經驗必須以學習為重心。專注於學習的專業發展也傳遞另外一個訊息，學習者與學習者的需要是專業學習經驗在設計、輸送、內容與評估上的最主要考量。當專業發展的設計特別注意到學習風格、學習者的興趣與偏好，以及學習者的先前知識時，等於傳遞了一項強有力的訊息給教師與校長。**我是我的專業學習設計上的重要一部分。我並不只是被動地接受新知識與新技能而已。**以學習者為中心的專業發展強化的訊息是：專業發展是以學習及成長為本，而不是以活動及方案為主。

每一所學校的專業發展建築都傳遞特定的訊息給教師、教育行政者、學校委員會成員，以及共同體成員。當你在思考貴校專業發展的建築時，不妨想一想，對於學習，它究竟傳遞了什麼訊息？

（二）專業發展就是工作

Wright所設計的建築物中有幾個設計的主要主題反覆出現，同樣的，專業發展就是工作也是專業發展的嶄新建築藍圖一項顯著的特徵。專業學習共同體願意肯定專業學習就是工作的正當性，因為該共同體相信，唯有肯定專業學習就是工作的重要性，才能確保高品質的教育專業表現、加強學校改善的努力、增進個人的發展與成長，並提升學生學習的成效。每一項重要任務都傳遞著相同的訊息：持續不斷的學習與學校的專業工作密不可分。當學校設法排定專業學習的專屬時間，打造結構與提供資源來支持專業學習，並且透過典禮、符號與文化規範等方式來推崇專業學習的重要性時，他們也等於讓教育界相關人士了解，專業發展是學校日常生活的核心部分。

（三）專業職能是持續精進的歷練過程，不是資歷的認證

專業認證的新標準，以及實務智慧紛紛指出，愈來愈多人相信專業職能的發展並不只是獲得職業執照的認證而已。多年以前，教師與校長能夠在完成就職前的準備課程，申請並取得職業執照之後，就可以找份好工作，在職位上發揮所長，直到他們找到另外一條職業生涯的機會、辭職或是退休。具備一張職業執照在過去就是專業人士的象徵。今天，若是還有人相信

生手老師或是校長在任職初期就已經具備他或她的整個生涯所
需要的知識與技能,說這個人過於天真也並不為過。

當教師簽訂教學契約的同時,他也同意身為專業人士應該
滿足的一組工作期待,其中包括持續進行的專業學習,以便不
斷地更新專業知識與專業技能,改善教學實務,並且找出可以
提升學生學習成效的方式。專業發展的嶄新建築藍圖可以使得
教師與校長在學校內部與外部所能夠取得的學習機會更加豐富。
專業職能是持續精進的歷練過程,這個觀念至少傳達了三個關
鍵訊息:

- 專業職能並不是學習的終點,也不只是那張執照,而是專業
  工作的積極主動的面向。
- 專業工作與專業學習是密不可分的連續過程。
- 教師與校長在追求更高層次的專業職能、探索個人與專業意
  義的歷練過程中,同時也獲得了他們的工作、學校與同僚的
  支持與資源。

(四)專業學習與改善教學實務的機會不可限量

專業發展的嶄新建築藍圖描述了替教師與校長開創與支持
專業學習機會的各種可能性。專業發展**就是**工作、工作**中**專業
發展、**工作地**專業發展、工作**周邊**專業發展,以及工作**以外**專
業發展的相關實例,都傳達出一個訊息:專業學習與專業成長

並不僅限於行事曆排定的在職進修時間或是所謂教職員發展那種一板一眼的活動。在適當支持、資源、材料與投入之下，每一種專業學習管道都提供教師與校長潛在的學習機會。專業學習機會並沒有界限，也意味著個人擁有高度的自主性、選擇與責任，來決定他們的專業發展與個人成長。

（五）學生學習、專業發展，以及組織使命，三者之間關係緊密

學校內專業工作的複雜性與激烈程度，往往使得專任教師與校長每天下課之後，在身體上、情緒上與智識上都感到疲憊不堪。基於這個現實處境，各種要求教育界同仁要透過持續的專業發展來學習新技能並滿足新的專業標準的呼聲，得到的回應往往是不信任、無聲的抵抗，或是挫折感。專業發展似乎像是那種外加於每天行程滿檔的工作以外的額外負擔。專業發展的嶄新建築藍圖了解這些工作場所的現實條件，因此，只打算在教師與校長的每日例行工作與規律行程中找尋專業學習的機會。這些**在學校原地**的學習經驗能夠結合工作、學習與學校的目標，有助於減輕支離破碎、負擔過重，甚至前後不一致的感覺。專業學習因而交織在專業工作與組織優先價值的整體架構中。這也增強了專業發展就是工作這個訊息。

（六）專業發展的重點不在方案，而必須以人為本

　　專業發展的嶄新建築藍圖所關注的是如何打造人的個人能力與專業能力。作為此一嶄新建築藍圖的主要組織要件包括了專業發展設計、提供方式、內容、脈絡與結果。有些時候，我們可能會落入一個陷阱，誤以為學校內專業發展僅僅在乎技術能力的精進、學校改善、提高學生的測驗成績而已。這些結果當然是重要的目標，而且是大家都想要的結果。然而，專業發展的嶄新建築藍圖不光只是適時提供訓練與進階學位而已。專業發展的嶄新建築藍圖的核心就是人的努力，能夠協助教師與校長在和學生與同僚的互動生活的個人面向與專業面向之間，成功地建立起恰當的平衡關係。教育工作者的工作、生活與身分認定等等面向常常是支離破碎的。專業發展的嶄新建築架構將這些面向凝聚在一起，憑藉的是它能提供教師與校長獲得意義與維持完整性的機會。透過它所服務與推崇的人，專業發展的嶄新建築藍圖是一個能夠串連功能、結構與美感這三項核心訊息的語言。

附註 ▶▶

1. O'Gorman, J. R. (1998). *ABC of architecture*. Philadelphia, PA: University of Pennsylvania Press, 87.

索　引

人名

Maureen Adams　xix

Eric J. Anctil　xix

Roland Barth　067, 068, 080

David Boud　150, 151

Ernest Boyer　067, 068, 075

Michelle Collay　067, 068

Charlotte Danielson　098

Darling-Hammond　021

John Dewey　043, 138

Everett Dirksen　229

Diane Dunlap　067, 068

Walter Enloe　067, 068

Linda E. Fox　098

George W. Gagnon Jr.　067, 068

John Gardner　076

John Garrick　150, 151

Allan A. Glatthorn　098

Tom Guskey　231, 233, 253

Charles Handy　025

Van Lori Himbergen　xix

Eric Hoffer　065

Shirley Hord　082

Jefferson　043

Olof Johansson　xix

Bruce Joyce　182

Jonathan Kozol　115

Rachel Livsey　xix

Dan Lortie　099

Horace Mann　043

Thomas L. McGreal　098

Deborah Meier　078, 079

Coral Mitchell　066, 068, 080

James O' Gorman　007, 226

Parker Palmer　018, 202, 203, 206, 207, 208, 213

Neil Postman　041

Robert Putnam　073, 074

Susan Rosenholtz　049, 108

Bill Russell　189

Larry Sackney　066, 068, 080

Schlecty　057

Peter Senge　067, 068, 080, 081, 187

Thomas J. Sergiovanni 067, 068

Beverly Showers 182

Sykes 021

Vitruvius 007, 226

Willard Waller 099

Etienne Wenger 075, 150, 166, 207

Whitford 057

Frank Llyod Wright 003, 004, 005, 006, 011, 026, 037, 247, 248, 256, 259

管仲 018

書名、專有名詞

《建築導論》（*ABC of Architecture*） 007

行動研究（action research） 023, 050, 125, 132, 134, 236, 237, 240

阿罕布拉宮殿（Alhambra） 010, 030

「美國口語語言與聽力協會」（American Speech-Language-Hearing Association） 023

波士頓塞爾提克隊（Boston Celtics） 189

《獨自打保齡球：美國社會資本的衰竭》（*Bowling Alone: America's Declining Social Capital*） 073

社群或共同體（community） ix, xii, xv, xvi, xvii, xviii, 08, 013, 018, 027, 034, 039, 040, 045, 046, 049, 050, 051, 055, 065, 066, 067, 068, 073, 074, 075, 076, 077, 078, 079, 080, 081, 082, 083, 084, 085, 086, 087, 107, 109, 110, 111, 112, 113, 116, 117, 119, 126, 128, 136, 138, 143, 150, 151, 155, 157, 158, 159, 160, 163, 166, 173, 175, 176, 178, 180, 181, 184, 185, 187, 188, 189, 192, 194, 204, 207, 209, 211, 213, 214, 215, 216, 227, 238, 240, 243, 249, 250, 252, 254, 257, 258, 259

「設計有效的專業發展：艾森豪計畫的啟示」（Designing Effective Professional Development: Lessons from the Eisenhower Program）　027, 038

鷹岩學校（Eagle Rock School）　040

亞斯提公園市（Estes Park）　040

探索博物館（Exploratorium Museum）　189

落水山莊（Fallingwater）　003, 011, 037

形成性評鑑（formative evaluation）　098, 119, 162

古根漢（Guggenheim）美術館　003, 011

祖卡斯賈維冰雪旅館（Ice Hotel at Jukkasjarvi）　210

齊魯那科蒙（Kiruna Kommun）　210

《我們世界的數學》（*Mathematics in Our World*）　115

蒙諾納（Monona）　110

「全美學校心理師協會」（National Association of School Psychologists）　023

「全美專業教學標準委員會」（National Board of Professional Teaching Standards）　023

國家教育改善基金會（National Foundation of the Improvement of Education）　104

專業發展的嶄新藍圖（New Architecture for Professional Development）　005

「北中區域教育研考會」（North Central Regional Education Laboratory, NCREL）　036

放下所學，甩掉舊包袱（unlearning）　066

俄亥俄大學（Ohio University）　028

家長教師協會（Parent Teacher Association, PTA）　074

賓州州立大學（Pennsylvania State University）　011

草原建築學派（prairie school）　003, 011

專業發展（professional development）　vi, vii, ix, x, xi, xii, xiii,
　　xiv, xv, xvi, xvii, xviii, xx, xxii, xxiii, xxiv, xxv, xxvi, xxvii, xxviii,
　　004, 005, 006, 007, 008, 009, 010, 012, 013, 014, 016, 017, 018,
　　019, 020, 021, 022, 023, 024, 025, 026, 027, 028, 033, 034, 035,
　　036, 038, 039, 040, 041, 043, 044, 045, 046, 051, 052, 054, 058,
　　065, 068, 070, 072, 073, 077, 079, 086, 095, 096, 097, 099, 100,
　　102, 103, 105, 106, 107, 108, 109, 110, 111, 112, 116, 117, 118,
　　119, 120, 125, 126, 127, 128, 129, 130, 131, 133, 135, 137, 138,
　　139, 140, 143, 144, 149, 150, 151, 152, 153, 154, 155, 156, 157,
　　158, 159, 160, 162, 162, 163, 164, 165, 166, 173, 174, 175, 176,
　　178, 180, 183, 184, 185, 186, 187, 189, 192, 201, 202, 203, 204,
　　205, 206, 207, 208, 209, 210, 211, 212, 213, 214, 218, 225, 226,
　　227, 229, 230, 231, 232, 233, 235, 236, 237, 238, 239, 240, 241,
　　243, 244, 247, 248, 249, 250, 251, 252, 253, 254, 255, 256, 257,
　　258, 259, 260, 261, 262

《專業發展指南》（*Professional Development Guidelines*, 1995）
　　021

專業學習共同體（Professional Learning Community, PLC）　xv,
　　xvi, xvii, 013, 018, 40, 50, 51, 65, 66, 6/8, 75, 77, 78, 79, 80, 81,
　　82, 83, 113, 116, 136, 143, 150, 155, 157, 159, 160, 166, 175, 176,
　　178, 180, 181, 184, 185, 188, 189, 214, 215, 240, 243, 249, 250,
　　252, 254, 257, 259

回應性社群（responsive community）　076

莎米族（Sami, Laplander）　016, 210, 211, 212, 235

嬌生公司總部（S.C. Johnson & Son Administration Building）
　　011

西南教育發展實驗室（Southwest Educational Development Laboratory） 082

綠泉市（Spring Green） 011, 119

總結性評鑑（summative evaluation） 098, 119, 162

雪梨歌劇院（Sydney Opera House） 010, 030

塔列辛（Taliesin） 003, 010, 011, 030, 256

《教書是學習的專業：政策與實務手冊》（*Teaching as the Learning Profession: Handbook of Policy and Practice*, 1999） 021

《教學的勇氣》（*The Courage to Teach*） 202

學校教育的形式規範（The Grammar of Schooling） 100, 106, 107

《以我們被認識的方式去認識》（*To Know as We Are Known*） 202

優密歐大學（Umea University） xix

《理解工作地學習》（*Understanding Learning at Work*） 150

威斯康辛大學麥迪遜校區（University of Wisconsin-Madison） vi, xix, xxvi, 011

范氏圖（Venn diagram） 077

《最重要的事：為了美國的未來而教育》（*What Matters Most: Teaching for American's Future*, 1996） 021

國家圖書館出版品預行編目資料

學習設計：學校專業發展的嶄新藍圖／
Paul V. Bredeson 著.曾麒樺、簡守邦譯
-- 初版.臺北市：心理，2009.01
面；　公分.--（課程教學；18）
含參考書目及索引
譯自: Designs for Learning: A New Architecture
　　　 for Professional Development in Schools
ISBN 978-986-191-232-5（平裝）

1. 教學設計 2. 教學法 3. 學習 4. 學校教育

521.4　　　　　　　　　　　　　98000479

課程教學 18　　　**學習設計：學校專業發展的嶄新藍圖**

作　　者：Paul V. Bredeson
總 校 閱：林文律
譯　　者：曾麒樺、簡守邦
責任編輯：林怡倩
總 編 輯：林敬堯
發 行 人：洪有義
出 版 者：心理出版社股份有限公司
社　　址：台北市和平東路一段 180 號 7 樓
總　　機：(02) 23671490　　傳　　真：(02) 23671457
郵　　撥：19293172 心理出版社股份有限公司
電子信箱：psychoco@ms15.hinet.net
網　　址：www.psy.com.tw
駐美代表：Lisa Wu　　tel: 973 546-5845　　fax: 973 546-7651
登 記 證：局版北市業字第 1372 號
電腦排版：辰皓國際出版製作有限公司
印 刷 者：東縉彩色印刷有限公司
初版一刷：2009 年 1 月